※이 경전은 서역국西域國의 삼장三藏 강량야사畺良耶舍가 425년경에 한역漢譯한 『관무량수경觀無量壽經』을 저본으로 삼아, 불교신행연구원 김현준 원장이 한글로 번역하였습니다.

※책 속의 변상도(그림)는 1425년에 세종대왕의 명으로 만든 목판본을 1853년에 삼각산 내원사에서 다시 새겨 만든 『관무량수불경』에 있는 것입니다.

※표지 디자인 : 편집부

관 무 량 수 경

김현준 역

효림

차 례

관무량수경을 읽는 분들께

아미타불阿彌陀佛의 '아미타'를 범어로 표기하면 아미타유스Amitayus·아미타바Amitabha의 두 가지로 쓰여집니다. 이중 아미타유스는 무량한 수명을 뜻하는 '무량수無量壽'로 번역되고, 아미타바는 무량한 빛을 뜻하는 '무량광無量光'으로 번역됩니다. 이 둘 중에서 중국 사람들이 특히 좋아하는 불로장생사상에 맞는 '무량수'를 택하였으며, 무량수불(아미타불)께서 원력으로 건립하신 극락을 관하는 법을 설한 경전이라 하여 이 경의 제목을 『관무량수경』이라 하였습니다.

『무량수경』·『아미타경』과 함께 정토삼부경을 이루고 있는 『관무량수경』은 우리나라 정토신앙의 근본 경전이요, 세 경전 중 극락에 태어날 수 있는 관법을 가장 상세하게 묘사하고 있습니다. 따라서 극락과 아미타불·관세음보살·대세지보살의 모습 또한 매우 자세하게 서술되어 있습니다.

이 경은 일반적인 경전들의 체제에 따라 서분·정종분·유통분의 세 부분으로 나누어져 있습니다.

"이와 같이 나는 들었다"로 시작하고 있는 이 경의 서분은 제바달다의 유혹에 빠진 마가다 왕국의 태자 아사세가 왕위를 빼앗기 위해 부친 빈비사라 왕을 가두고, 아버지의 생명을 연장시키기 위해 온갖 노력을 기울이는 어머니 위제희 부인마저 가둔 사건을 계기로 설하여지게 됩니다.

부인의 청으로 감옥에 와서 모습을 나타낸 석가모니 부처님은 시방세계의 불국토들을 나타내어 부인에게 보여주었습니다. 부인은 그 중 아미타불의 극락이 가장 좋다고 하면서 극락에 태어나는 방법을 가르쳐 달라고 청합니다.

그러자 부처님께서는 극락에 태어나고자 하는 이가 마땅히 닦아야 하는 세 가지 복〔三福 : 三淨業〕을 일러주십니다.

세 가지 복〔三福〕은

① 부모에게 효도하고 스승과 어른을 받들어 모시며 자비로운 마음으로 불살생 등의 십선업을 닦을 것

② 삼보에 귀의하여 삼보를 받들어 모시고 계율을 잘 지킬 것

③ 보리심을 발하고 인과의 도리를 깊이 믿으며, 대승경전을 독송하고 다른 이에게도 권하라는 것입니다.

이어 정종분에서는 극락에 태어나고자 하는 이가 아미타불과 극락세계를 관상하는 13가지 관법〔十三觀〕과 근기에 따라 태어나는 극락의 아홉 가지 연화대〔九品往生〕, 칭명염불稱名念佛을 주제로 삼아 설하고 있습니다.

아미타불과 극락세계를 관상하는 13관은

①일상관日想觀 : 지는 해를 생각하는 관법

②수상관水想觀 : 크고 맑은 물을 생각하는 관법

③지상관地想觀 : 보배 땅을 생각하는 관법

④보수관寶樹觀 : 보배 나무를 생각하는 관법

⑤지관池觀 : 보배 연못을 생각하는 관법

⑥총관總觀 : 보배 누각을 생각하는 관법

⑦화좌관華座觀 : 연화대를 생각하는 관법

⑧상상관想像觀 : 삼존불을 함께 생각하는 관법

⑨진신관眞身觀 : 아미타불의 몸을 생각하는 관법

⑩관음관觀音觀 : 관세음보살을 생각하는 관법

⑪세지관勢至觀 : 대세지보살을 생각하는 관법

⑫보관普觀 : 스스로가 왕생하였음을 생각하는 관법

⑬잡상관雜想觀 : 극락의 여러 가지를 생각하는 관법 등입니다.

구품왕생은 ⑭상배관上輩觀 ⑮중배관中輩觀 ⑯하배관下輩觀에서 다루고 있습니다. 이 가운데

상배관은 상품상생·상품중생·상품하생으로

중배관은 중품상생·중품중생·중품하생으로

하배관은 하품상생·하품중생·하품하생으로 나누어

아홉 단계의 구품연화대를 만들었는데, 어떤 이가 구품연화대에 왕생하는지와 함께, 왕생 전후에 어떠한 일들이 일어나는지를 구체적으로 묘사하고 있습니다. 이 중

상배(상품연화대)에는 대승불교를 믿는 범부들이 태어나고

중배(중품연화대)에는 소승불교를 믿는 범부들이 태어나며

하배(하품연화대)에는 악업을 지은 범부들이 선지식을 만나 극락에 태어나게 되는 인연들을 설하고 있습니다.

이 십육관법을 읽다 보면 모든 중생을 극락정토로 수용하는 부처님의 대자대비가 크게 느껴집니다. 특히 "아무리 극악한 이라도 임종 직전에 '나무아미타불'을 열 번만 부르면 극락에 왕생하게 한다"는 경문의 내용은 불교의 무한 포용력에 흠뻑 젖게 합니다.

마지막 유통분에서 석가모니부처님은 '이 경이 극락국토와 아미타불과 관세음보살을 관하는 경'이라는 것과 십육관법을 닦으면 현재의 몸으로 아미타불을 친견할 수 있음을 강조합니다.

그리고 '나무아미타불'을 외우는 것만으로도 극락에 태어날 수 있다고 설하시면서, "아미타불의 명호를 잘 간직하라"고 당부합니다.

아미타경이 신심을 북돋우는 수준이요, 무량수경이 신심의 깊이를 더하고 현생에서의 실천행을 일깨워주는 경전이라면, 이 『관무량수경』은 극락왕생의 가장 요긴한 비결을 담고 있는 경전이라 해야 할 것입니다. 그래서 오늘날에도 이 『관무량수경』을 수없이 많은 이들이 독송을 하고 있으며, 이 경전에 준하여 극락을 관상하고 있습니다.

무량수(아미타) 부처님과 극락을 관觀하는 관무량수경.

이 '볼 관觀'은 '볼 견見'과 다릅니다. '볼 견見'이 눈으로 보는 것이라면, '볼 관觀'은 마음으로 보는 것입니다. 마음으로 생각하고 마음으로 상상하고 마음으로 그려가는 것입니다.

이 관은 견처럼 쉽지가 않습니다. 그래서 많은 이들이 "관이 잘 되지 않는다"고들 합니다. 그러나 안되더라도 마음을 모아 자꾸자꾸 생각하고 그려가면 차츰 관이 제대로 이루어지게 되고, 관이 선명하여지면 업장이 그만큼 더 녹고 경지가 훨씬 높아지게 됩니다. 그러므로 꾸준히 노력해야 합니다.

부디 인연 있는 분들이 이 『관무량수경』을 잘 읽고 잘 관하여, 아미타부처님의 무량한 빛〔無量光〕 무량한 수명〔無量壽〕과 대원大願 속에서 극락정토에 왕생하여, 위없는 깨달음을 이루고 지극히 행복한 삶을 누리시기를 축원드립니다.

2022년 12월 1일

경주 남산 기슭에서 김현준 합장

무량수광 아미타불 어느 곳에 계시는가
마음에다 착 붙여서 절대 결코 잊지 말라
생각하고 생각하여 생각 없는 데 이르면
눈귀 등의 육문에서 자금색 빛 발하리라

아미타불재하방
阿彌陀佛在何方
착득심두절막망
着得心頭切莫忘
염도염궁무념처
念到念窮無念處
육문상방자금광
六門常放紫金光

다음과 같은 원의 성취를 바랄 때 관무량수경을 읽고 관하고 아미타불 염불을 하면 좋습니다.

- 아미타불의 무량한 빛이 충만하기를 원할 때
- 내생에 극락정토에 태어나고자 할 때
- 현생에서 극락의 즐거움을 누리고자 할 때
- 부모 및 친척 영가의 극락왕생을 기원할 때
- 집안의 평온하고 복되고 안정된 삶을 원할 때
- 입시 등 각종 시험의 합격을 원할 때
- 구하는 바를 뜻대로 이루고자 할 때
- 각종 병환·재난·시비·구설수 등을 소멸시키고자 할 때
- 업장을 소멸시키고자 할 때
- 악몽·공포 잡귀의 장애를 물리치고자 할 때
- 영원히 평화롭고 행복하기를 원할 때
- 풍부한 자비심을 갖추고 마침내 성불하기를 원할 때

관무량수경 독송 발원문

南無阿彌陀佛 南無無量壽佛 南無無量光佛
나무아미타불 나무무량수불 나무무량광불

개경게 開經偈

가장높고 심히깊은 부처님법문	무상심심미묘법 無上甚深微妙法
백천만겁 지나간들 어찌만나리	백천만겁난조우 百千萬劫難遭遇
저희이제 보고듣고 받아지녀서	아금문견득수지 我今聞見得受持
부처님의 진실한뜻 깨치오리다	원해여래진실의 願解如來眞實意

開法藏眞言
개법장진언 옴 아라남 아라다(3번)

南無佛說觀無量壽經
나무불설관무량수경(3번)

서분序分

이와 같이 나는 들었다.

어느 때 부처님께서 왕사성(王舍城) 기사굴산(耆闍崛山)(영축산)에서 천2백5십 인의 대비구와 4만 2천의 보살들과 함께 계셨으며, 문수사리법왕자(文殊師利法王子)가 그 제자들의 우두머리가 되었다.

그때 왕사성에는 아사세(阿闍世)라는 태자가 있었다. 그는 조달(調達)(제바달다)이라는 나쁜 벗의 꼬임에 빠져서, 아버지인 빈바사라왕(頻婆娑羅王)을 일곱 겹으로 된 감옥에 가두고 누구도 접근하지 못하게 할 것을 명하였다.

대왕을 매우 존경하였던 왕비 위제희(韋提希)는 깨끗이 목욕을 한 다음, 꿀과 밀가루와 우유를 반죽하여 몸에 바르고 영락(瓔珞)(보배구슬) 안에 포도즙을 담아 남몰래 대왕에게 드렸다.

대왕은 이 꿀반죽을 먹고 포도즙을 마신 다음, 물로 양치질을 하였다. 그리고 기사굴산에 계신 세존(世尊)을 향해 깊은 공경심으로 합장배례하고 아뢰었다.

"대목건련(大目揵連)은 저의 오랜 친구입니다. 부디 자비를 베푸시어 저에게 팔계(八戒)를 주게 하소서."

그때 목건련존자는 왕이 있는 곳으로 매처럼 재빨리 날아가서 팔계를 주기를 날마다 계속하였다. 또 세존께서는 부루나존자(십대제자 중 설법제일의 존자)를 보내어 대왕을 위해 설법을 하게 하셨다.

이렇게 21일이 지났으나 꿀반죽을 먹고 설법을 들은 까닭에, 왕의 얼굴에는 화색이 돌고 기쁨이 가득하였다.

그때 아사세가 감옥을 지키는 옥지기에게 물었다.

"부왕은 아직도 살아 있느냐?"

"대왕이시여, 어머니인 왕대비께서 몸에 꿀로

반죽한 밀가루를 바르고 영락구슬 안에 포도즙을 담아와서 부왕께 올립니다. 또 사문인 목건련과 부루나가 공중으로 날아와서 설법을 하니 막을 수가 없습니다."

이 말을 들은 아사세는 크게 화를 내며 어머니에게 말하였다.

"역적과 어울린 어머니 또한 역적이다. 또 그 사문들이 남을 홀리는 주술을 써서 못된 왕을 죽지 않게 만들었다."

그리고는 예리한 칼을 뽑아 어머니를 죽이려 하였다.

그때 총명하고 지혜 많은 월광(月光)이라는 신하가 명의인 기바(耆婆)와 함께 왕에게 절을 하고 아뢰었다.

"대왕이시여, 신들이 본 베다 경전에서는 '세상이 생겨난 이래 왕위를 탐내어 그 아버지를 살해한 자가 1만 8천 명'이라 하였습니다. 그러나 무도하게 어머니를 죽였다는 말은 들어 보지 못하였습니다. 왕께서 지금 어머니를 해치려 하시니, 이는 찰리종[刹利種](인도의 4성 계급 중 크샤트리아, 곧 왕족)의 명예를 더럽히는 일이라, 차마 지켜볼 수가 없습니다. 이는 전다라[旃陀羅](백정, 도살자)나 하는 짓이므로, 저희는 더 이상 여기에 머물지 않겠습니다."

말을 마친 두 대신이 손으로 검[劍]을 만지며 몇 걸음 뒤로 물러서자, 아사세는 놀라고 두려워하며 기바에게 말하였다.

"그대들은 나를 돕지 않겠다는 것이오?"

"왕이시여, 부디 어머니를 해치지 마십시오."

이 말을 듣고 뉘우친 왕은 두 대신에게 사과를 하고 계속 도와주기를 청하였다. 그리고 어머니를 해치려던 검을 버리고 내관[內官]에게 '깊은 궁궐에 가두어 다시는 나오지 못하도록 하라'고 명하였다.

깊은 궁궐에 갇힌 위제희 부인은 슬픔과 근심에 쌓여 점점 초췌해졌고, 마침내 멀리 있는 기사굴산을 향해 부처님께 예배를 드리며 아뢰었다.

“여래시여, 지난날 세존께서는 항상 아난阿難존자를 보내시어 저를 위로해주셨나이다. 그런데 지금, 슬픔과 근심에 잠겨 있는 저는 세존의 거룩하신 모습을 뵈올 길이 없나이다. 원하옵건대 목건련과 아난존자를 보내시어 제가 만날 수 있게 하여 주소서.”

말을 마친 부인은 슬픔에 복받쳐서, 하염없이 눈물을 흘리며 부처님 계신 곳을 향해 예배를 드렸다.

그때 기사굴산에 계신 부처님께서는 위제희 부인의 마음속 생각을 아시고, 부인이 머리를 들기도 전에 목건련과 아난에게 명하여 공중으로 날아서 가게 하였으며, 부처님께서도 기사굴산에서 자취를 감추어 왕궁에 모습을 나타내셨다.

위제희 부인이 예배를 마치고 머리를 들자, 자금색(紫金色)(자줏빛을 띤 금색)을 띤 석가모니불께서 온갖 보배로 꾸민 연꽃 위에 앉아계셨다. 그리고 부처님의 왼쪽에는 목건련이, 오른쪽에는 아난이 있었으며, 제석천(帝釋天)과 범천(梵天)과 호세천(護世天)(사천왕)이 허공에서 하늘꽃을 비 내리듯이 뿌려 부처님께 공양하고 있었다.

부처님을 뵈온 위제희 부인은 보배로 엮은 목걸이를 끊어버리고 땅바닥에 온몸을 던져 울면서 아뢰었다.

"세존이시여, 제가 전생에 무슨 죄를 지었기에 이토록 악한 아들을 낳았나이까? 또, 세존께서는 무슨 인연으로 제바달다(提婆達多)와 친척이 되었나이까?

원하옵건대 세존이시여, 저를 위해 근심과 괴로움이 없는 곳에 대해 자세히 설하여 주시옵소서. 저는 그곳에 태어나고자 하옵니다.

이 염부제(閻浮提)와 같이 탁하고 악한 세상에서는

살고 싶지 않나이다. 이 탁하고 악한 세상에는 지옥과 아귀와 축생이 가득하고 착하지 못한 무리들이 매우 많습니다.

원하옵건대 미래에는 나쁜 소리를 듣지 않고 나쁜 사람을 보지 않게 하여 주옵소서. 저는 지금 오체투지(五體投地)의 절을 하면서 참회하고 발원하옵니다.

태양과 같은 부처님이시여, 저에게 청정한 업으로 이루어진 세계를 보여주옵소서."

그때 부처님께서 미간으로부터 금색 광명을 발하시니, 그 광명이 시방의 한량없는 세계를 두루 비추고 돌아와 부처님의 정수리에 이르러서는 수미산(須彌山)과 같은 금대(金臺)로 변화하였다. 동시에 시방세계 부처님들의 청정하고 훌륭한 국토가 그 금대 가운데에 모두 나타났다.

어떤 국토는 칠보(七寶)로 이루어졌고, 어떤 국토는 연꽃으로만 이루어졌으며, 어떤 국토는 자(自)

재천궁(在天宮)과 같았고, 어떤 국토는 수정 거울과 같았다. 이와 같이 시방세계의 한량없는 불국토들을 분명하게 나타내어 위제희로 하여금 볼 수 있게 하셨다.

그때 위제희 부인이 부처님께 아뢰었다.

"세존이시여, 이 불국토들이 모두 청정하고 광명이 가득하지만, 저는 아미타불(阿彌陀佛)이 계신 극락세계(極樂世界)에 태어나고자 하옵니다.

원하옵건대 세존이시여, 저에게 사유(思惟)하는 법과 바른 수행법을 가르쳐 주옵소서."

이에 부처님께서 미소를 짓자 오색의 광명이 부처님의 입에서 나왔고, 그 하나하나의 광명이 빈바사라왕의 정수리를 비추었다.

대왕은 비록 옥중에 갇혀 있었으나 마음의 눈이 열려 멀리 계신 부처님을 아무런 장애 없이 뵈올 수 있었으며, 곧바로 부처님께 예배한 왕은 마음이 자연스럽게 증진(增進)되어 아나함과(阿那含果)를 이루었다.

그때 부처님께서 위제희에게 이르셨다.

"그대는 아느냐? 아미타불은 이곳에서 멀지 않은 곳에 계신다는 것을!

그대는 마땅히 생각을 집중하여 청정한 업〔淨業〕으로 이루어진 저 극락을 자세히 관찰할지어다. 내 지금 그대를 위해 여러 가지 비유를 들어 널리 설하리라. 또한 미래의 모든 범부로 하여금 청정한 업을 닦아서 서방 극락세계에 태어날 수 있도록 하리라.

저 세계에 태어나고자 하는 이는 마땅히 세 가지 복〔三福〕을 닦아야 하느니라.

첫째는 부모를 효성스럽게 봉양하고, 스승과 어른을 받들어 모시며, 자비로운 마음으로 살생하지 않는 등의 십선업(十善業)을 닦을지어다.

둘째는 삼보에 귀의하여 받들어 모시고, 계

율을 잘 지키고 위의(威儀)(규율에 맞는 행위)를 범하지 말지어다.

셋째는 보리심(菩提心)을 발하고, 인과의 도리를 깊이 믿으며, 대승경전을 독송하고 다른 이들에게도 독송을 권할지어다.

이 세 가지를 정업(淨業)이라 이름하노라."

부처님께서 위제희에게 이르셨다.

"그대는 아느냐? 이 세 종류의 업이 과거·미래·현재 삼세제불(三世諸佛)의 정업(淨業)이요 정인(正因)(정토를 건립하는 바른 인)이라는 것을."

부처님께서 아난과 위제희에게 이르셨다.

"자세히 듣고 깊이 생각하여라. 여래는 지금, 미래 세상의 일체중생 중에 번뇌의 적으로부터 해를 입는 이들을 위해 청정업(淸淨業)을 설하고자 하나니, 착한 위제희여, 이 일에 대해 잘 질문하였도다.

아난아, 너는 마땅히 잘 듣고 기억하여, 많은

중생들을 위해 부처의 말을 널리 베풀도록 하여라. 여래가 지금 위제희와 미래 세상의 일체 중생을 위해 서방 극락세계를 관(觀)하는 법을 가르쳐 주리니, 부처의 힘〔佛力〕으로 인해 저 청정한 세계를 보는 것이, 맑은 거울로 스스로의 얼굴을 비추어 보는 것과 같게 하리라.

저 세계 속의 지극히 훌륭하고 즐거운 것들을 보게 되면 마음이 환희로워지기 때문에 문득 무생법인(無生法忍)을 얻게 되느니라."

부처님께서 다시 위제희에게 이르셨다.

"범부인 그대는 마음이 여리고 열등하며, 천안통을 얻지 못하여 멀리 볼 수가 없다. 그러므로 부처님들의 신이한 방편으로 멀리 볼 수 있도록 하겠노라."

위제희가 부처님께 아뢰었다.

"세존이시여, 저는 지금 부처님의 힘으로 인

해 저 극락세계를 볼 수 있게 되었나이다.

그러나 부처님께서 열반에 드신 후의 중생들은 혼탁 속에서 악을 행하고 선을 닦지 않아, 다섯 가지 괴로움(五苦 오고)(생로병사 4고에 애별리고를 더한 것)에 쫓기게 될 것이옵니다. 그들은 어떻게 하여야 아미타불의 극락세계를 볼 수 있나이까?"

정종분正宗分

십육관법十六觀法

- 극락을 관상하는 13관
- 구품연화대에 태어나는 3관

제1 일상관日想觀

부처님께서 위제희에게 이르셨다.

"그대와 중생들은 마음을 가다듬고 생각을 한 곳에 집중하여 서방을 생각〔想〕할지어다.

무엇을 어떻게 생각하라는 것인가?

나면서부터 장님이 아닌 일체중생은 해가 지는 것을 보았을 터이니, 마땅히 서쪽을 향해 단정히 앉아 지는 해를 생각하며 관할지니라.

마음을 단단히 하고 생각을 한 곳에 집중하여 조금도 움직이지 말고, 지는 해를 마치 서쪽 하늘에 매달려 있는 북과 같다고 관할지니라.

이렇게 본 해를 눈을 감거나 눈을 뜨거나 한결같이 명료하게 되도록 할지니, 이것이 해를 생각하는 일상관(日想觀)이요, 첫번째 관〔初觀〕이라 이름하느니라."

第一 日想觀 — 지는 해를 생각하는 관법

제2 수상관水想觀 · 제3 지상관地想觀

부처님께서 아난과 위제희에게 이르셨다.

"첫번째 관을 이룬 다음에는 물을 생각할지니(水想觀), 서방 전체가 큰물(大水)이라고 생각하여라. 그리고 그 물이 맑고 깨끗하다는 생각을 명료하게 하여 흩어지지 않도록 하여라.

물을 이렇게 관찰하였다면 다음으로 얼음을 생각해야 하며, 투명하게 비치는 얼음을 관하고 나면 유리를 생각할지니라.

그다음에는 극락의 땅이 유리로 이루어져서 안팎이 모두 투명하게 비치고, 그 밑에는 칠보로 장식한 금강의 금당(金幢)(금으로 만든 기둥)이 유리로 된 땅을 받치고 있음을 관할지니라.

이 금당은 팔면과 팔각을 갖추고 있는데, 그 하나하나의 면은 온갖 보배들로 장식되어 있으며, 그 보배들에서는 천 가지 광명이 나오고, 그 광명은 8만 4천 가지 색으로 유리땅을 비

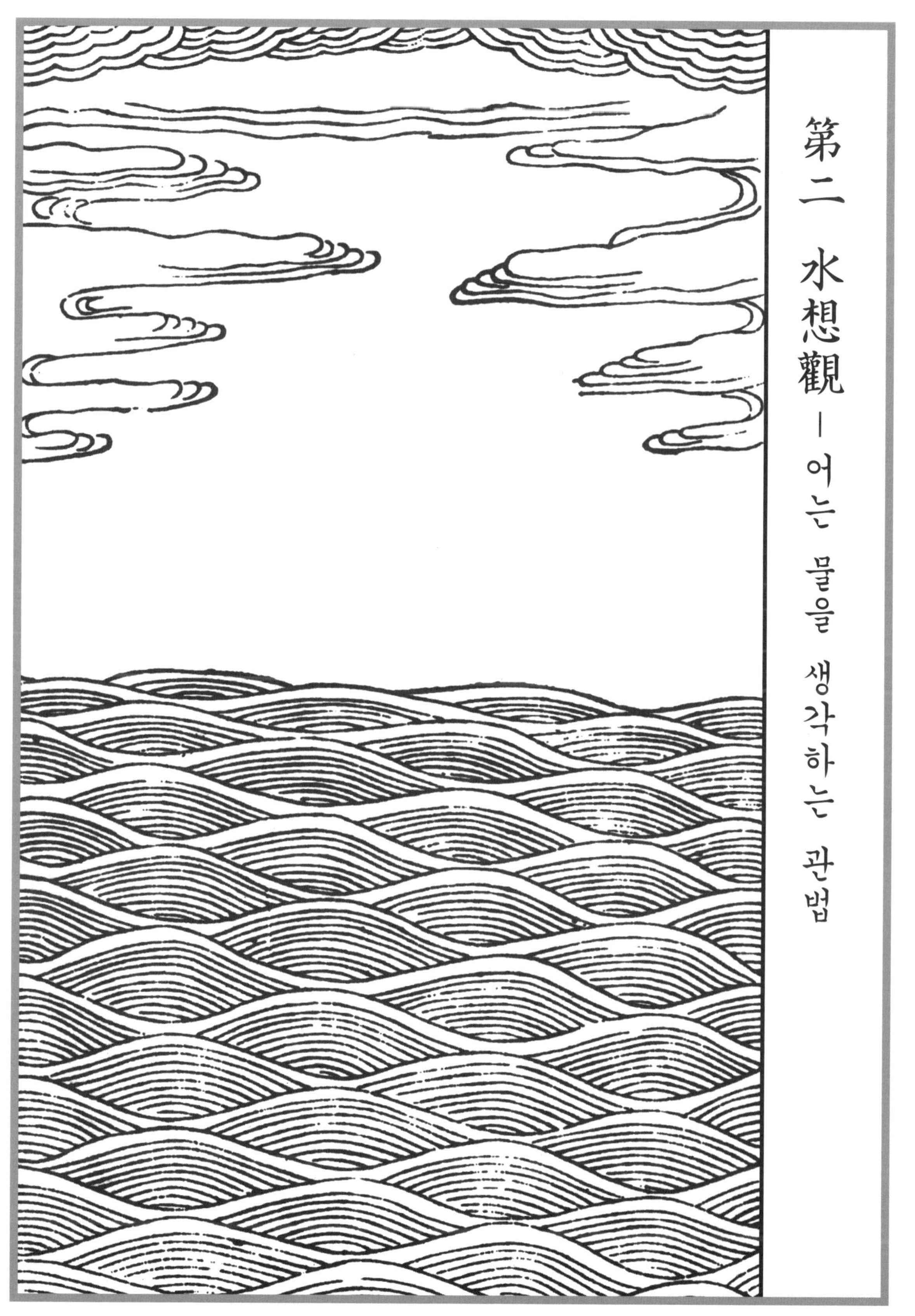
第二 水想觀
- 어는 물을 생각하는 관법

추나니, 마치 억천 개의 태양이 비추는 것과 같아서, 눈이 부시어 다 볼 수가 없느니라.

유리로 된 땅 위에는 황금의 줄이 종횡으로 뚫려져 있고, 칠보로 경계선을 분명하게 나타내고 있느니라. 그리고 하나하나의 칠보는 5백 가지 빛깔을 발하는데, 그 빛들은 꽃이나 별이나 달처럼 허공에서 광명대(光明臺)를 이루느니라.

이 광명대들 위로는 천만 개의 누각이 있나니, 모두가 온갖 보배로 이루어졌고, 광명대 양쪽에는 백억 꽃송이로 꾸며진 당번(幢幡)과 수없이 많은 악기로 꾸며져 있느니라.

광명으로부터 나온 여덟 가지 바람〔八風(팔풍)〕이 이 악기들을 울리면 고(苦)와 공(空)과 무상(無常)과 무아(無我)의 음악을 연주하게 되느니라.

이것이 극락의 물을 생각하는 수상관(水想觀)이요, 두번째 관〔第二觀(제이관)〕이라 이름하느니라.

이러한 관상을 할 때는 한 단계 한 단계를

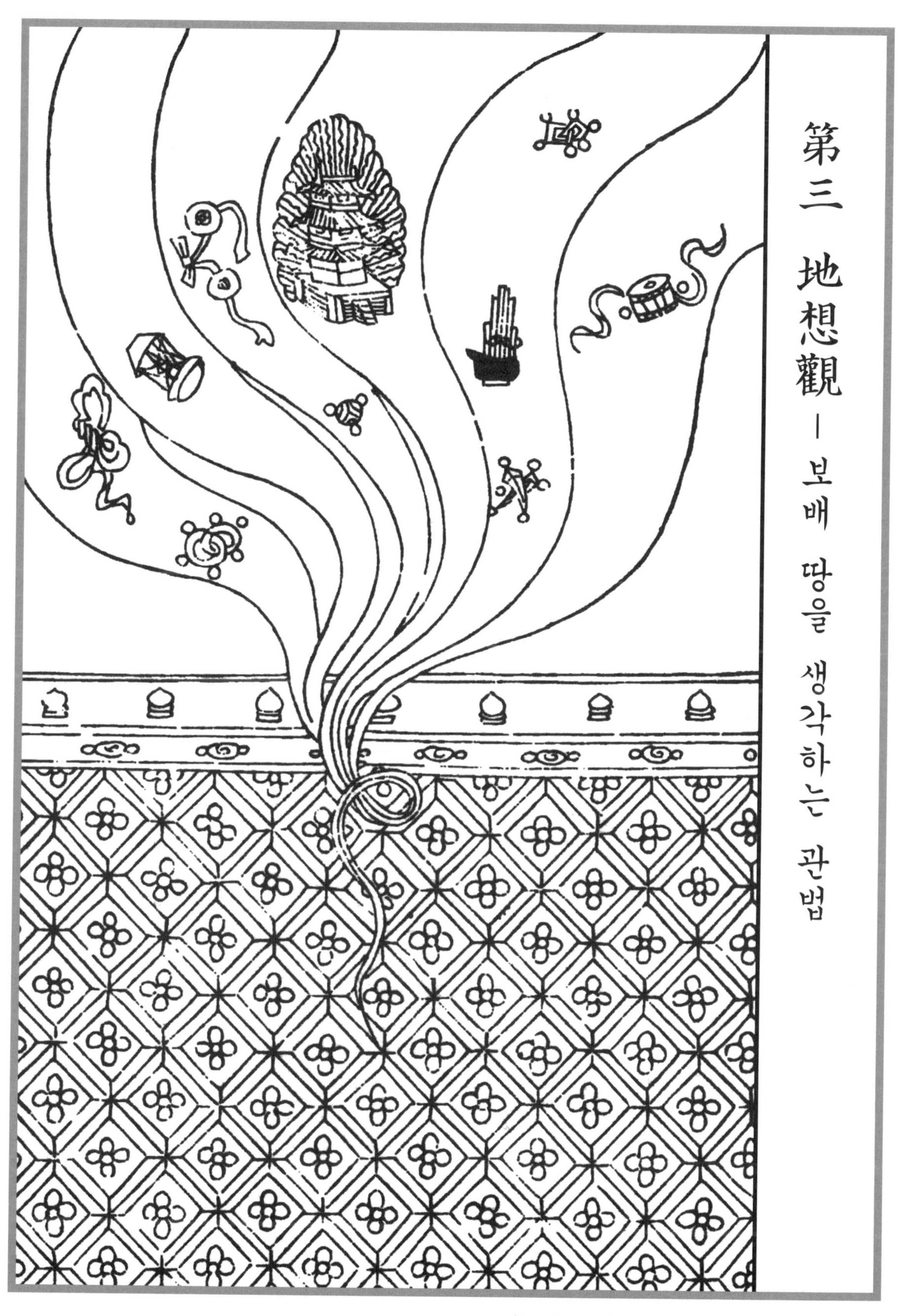

第三 地想觀 - 보배 땅을 생각하는 관법

분명하게 하여 눈을 감거나 뜨거나 흩어지지 않게 해야 하나니, 먹을 때를 제외하고는 항상 이를 생각해야 하느니라.

이와 같이 관상을 하면 극락의 땅을 대강 보았다고 할 것이요, 삼매(三昧)를 얻으면 저 극락세계의 땅을 분명하게 볼 수 있게 되나니, 이에 대해서는 다 갖추어 말할 수가 없도다.

이것이 극락의 땅을 생각하는 지상관(地想觀)이요, 세번째 관〔第三觀〕이라 이름하느니라."

부처님께서 아난에게 이르셨다.

"너는 내 말을 잘 간직하였다가, 미래 세상에서 괴로움을 벗어나고자 하는 이들에게 이 지상관을 설하여 주어라. 이 지상관을 닦는 사람은 80억 겁의 생사죄(生死罪)를 멸하여, 몸을 버린 다음에는 반드시 청정국토에 태어나나니, 결코 의심을 품지 말라.

이렇게 관하는 것을 정관(正觀)이라 하고, 이와 달리 생각하면 삿된 관〔邪觀〕이라 이름하노라."

제4 보수관寶樹觀

부처님께서 아난과 위제희에게 이르셨다.

"지상관을 이루고 나면 극락의 보배나무를 관할지니라.

보배나무를 관할 때는 나무들이 일곱 겹으로 줄지어 서 있다고 생각하여라. 그리고 하나 하나의 나무 높이는 8천 유순(由旬)(1유순은 약 30리)으로, 모든 보배나무들은 칠보로 된 꽃과 잎을 갖추고 있으며, 하나하나의 꽃과 잎은 기이한 보석의 색을 발하고 있느니라.

칠보 중 유리에서는 황금빛이 나오고, 수정에서는 붉은빛이 나오고, 마노에서는 자거의 빛이 나오고, 자거에서는 푸른 진주의 빛이 나오며, 산호·호박 등의 모든 보배에서도 갖가지 보석의 색을 발하느니라.

이들 나무 위로는 아름다운 진주 그물이 나무마다 일곱 겹으로 쳐져 있는데, 하나하나의 그물 사이마다 5백억의 꽃으로 장식된 궁전이

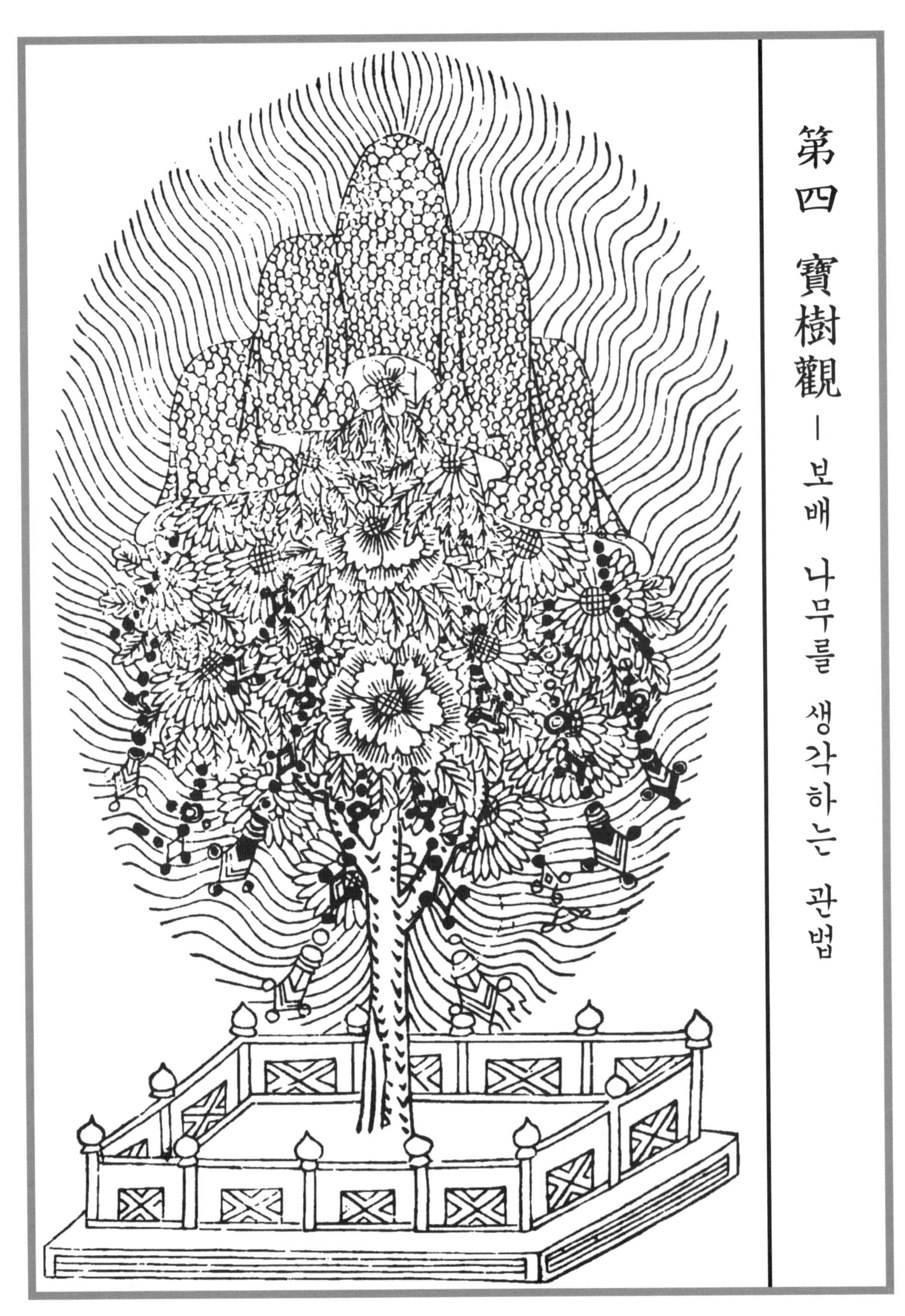

第四 寶樹觀 - 보배 나무를 생각하는 관법

있나니, 마치 범천왕의 궁전과도 같으니라.

궁전 안에는 천상의 동자들이 자유롭게 놀고 있으며, 동자들은 각각 5백억이나 되는 석가비릉가마니보(釋迦毘楞伽摩尼寶)(여의보주)로 만든 영락을 걸고 있느니라.

그 마니보의 광명은 백 유순이나 비추는데, 마치 백억 개의 달과 해를 합한 것과 같아서 그 훌륭함은 말로 표현할 수 없을 정도이며, 그 보배들이 서로 어우러져서 모든 색 중에 가장 훌륭한 색을 발하느니라.

이 보배나무들은 모두가 줄을 지어 나란히 서 있고, 잎과 잎은 서로 이어져 있으며, 잎들 사이에는 갖가지 아름다운 꽃이 피어 있고, 꽃 위에는 칠보로 된 열매가 열려 있느니라.

하나하나의 나뭇잎은 가로세로가 25유순이며, 그 잎에는 1천 가지 빛깔에 1백 가지 무늬가 있어, 천상의 영락과도 같으니라.

아름다운 꽃들은 염부단금의 금빛을 띠면서

불붙은 바퀴〔火輪〕처럼 잎들 사이를 돌고 있으며, 나무에 달린 열매들은 무엇이든지 원하는 대로 나오게 하는 제석천의 병〔帝釋甁〕과 같으니라.

그리고 나무에서 나오는 대광명은 당번(幢幡)과 보개(寶蓋)로 변화하는데, 이 보배일산 속에 삼천대천세계의 모든 부처님들께서 하시는 일들이 비치어 나타나며, 시방의 불국토 또한 그 가운데 나타나느니라.

이와 같이 하나의 보배나무를 관한 다음, 다시 다른 보배나무들의 줄기·가지·잎·꽃·열매들을 차례로 하나하나 분명하게 관할지니라.

이것이 극락의 나무를 생각하는 수상관(樹想觀)이요, 네번째 관〔第四觀〕이라 이름하느니라."

제5 지관池觀

부처님께서 아난과 위제희에게 이르셨다.

"보배나무를 생각하는 관이 이루어지고 나면 연못의 물을 생각할지니, 그 물을 다음과 같이 관할지니라.

극락세계에는 팔공덕수(八功德水)가 있나니, 칠보로 이루어진 연못에 있는 부드럽고 유연한 보배로운 물들은 여의주왕(如意珠王)(최고의 여의주)으로부터 흘러나오느니라.

그 물은 열네 갈래로 나뉘어 흐르는데, 각각의 갈래는 칠보 색을 띤 황금의 개울을 이루고, 개울의 바닥은 여러 가지 색의 금강석 모래가 깔려 있으며, 하나의 개울마다 60억 송이의 칠보로 된 연꽃이 둥글고 탐스럽게 피어있는데, 연꽃 하나하나의 지름은 12유순이나 되느니라.

또 여의주왕에서 흘러나온 마니수(摩尼水)는 연꽃들 사이를 흐르다가 보배나무를 오르내리는데,

第五 池觀 ― 보배 연못을 생각하는 관법

오르내릴 때 내는 아름다운 소리는 고·공·무상·무아와 육바라밀 등의 법문을 설하고, 모든 부처님의 훌륭한 상호들을 찬탄하느니라.

또 여의주왕에서는 금빛의 미묘한 광명이 솟아 나오느니라. 그 광명은 백 가지 보배로운 빛깔의 새로 변화하여 평화롭고 그윽하게 노래를 불러서, 부처님을 생각하고〔念佛〕 법을 생각하고〔念法〕 승가를 생각하는〔念僧〕 공덕을 늘 찬탄하느니라.

이것이 극락의 팔공덕수를 생각하는〔八功德水想〕 지관이요, 다섯번째 관〔第五觀〕이라 이름하느니라."

제6 총관總觀

부처님께서 아난과 위제희에게 이르셨다.

"온갖 보배로 장엄된 극락세계에는 5백억 개의 보배누각〔寶樓〕이 있나니, 누각 안에는 한량없는 천인들이 하늘의 음악을 연주하고 있느니라. 그 악기들은 천상의 보배깃발〔寶幢〕들처럼 허공에 떠 있으면서 저절로 울리나니, 모두가 부처님을 생각하고〔念佛〕 법을 생각하고〔念法〕 승가를 생각할〔念僧〕 것을 설하고 있느니라.

이러한 생각이 이루어지고 나면 대체로 극락세계의 보배나무와 보배땅과 보배연못과 보배누각을 보았다고 할 수 있으므로 총관(總觀)이요, 여섯 번째 관〔第六觀〕이라 이름하느니라.

이렇게 관하는 이는 무량억겁 동안 지은 지극히 무거운 악업이 소멸되고, 목숨을 마친 다음 반드시 극락세계에 왕생하게 되나니, 이렇게 관하는 것을 정관(正觀)이라 하고, 이와 달리 생각하면 사관(邪觀)이라 하느니라."

第六 總觀 – 보배 누각을 생각하는 관법

부처님께서 아난과 위제희에게 이르셨다.

"잘 듣고 잘 생각하고 마음에 새길지니라. 너희를 위해 고뇌苦惱(괴로움과 근심걱정)를 없애는 법을 분별하여 설하리니, 이를 잘 기억하였다가 대중들에게 널리 설하도록 하라."

부처님께서 이 말씀을 하실 때 아미타불(무량수불)께서 공중에 모습을 나타내셨고, 관세음보살觀世音菩薩과 대세지보살大勢至菩薩 두 분이 좌우에서 아미타불을 모시고 있었다. 그런데 그 광명이 너무나 찬란하여 바라볼 수가 없었으니, 백천의 염부단금閻浮檀金(자줏빛을 띤 순금)의 빛도 여기에 견줄 수가 없었다.

그때 아미타불을 친견한 위제희는 그 발아래 예배를 드리고 나서 부처님께 여쭈었다.

"세존이시여, 저는 지금 부처님의 힘 덕분에 아미타불과 두 보살님을 친견할 수 있었나이다. 하오나 미래의 중생은 어떻게 하여야 아미타불과 두 보살님을 뵈올 수 있나이까?"

제7 화좌관華座觀

부처님께서 위제희에게 이르셨다.

"저 불보살님을 뵙고자 하거든 마땅히 다음과 같은 생각을 일으켜야 하느니라.

먼저 칠보로 된 땅 위에 큰 연꽃이 있다고 생각하여라.

그 연꽃 하나하나의 꽃잎은 1백 가지의 보배의 빛을 띠고 있고 8만 4천 줄의 잎맥〔葉脈(엽맥)〕이 있는데 천상의 그림 같이 아름다우며, 잎맥마다 8만 4천의 광명이 있음을 또렷하고 분명하게 볼 수 있도록 할지니라.

이들 꽃잎 중에 작은 것은 길이와 넓이가 250유순인데, 크고 작은 꽃잎이 8만 4천 개가 있느니라.

꽃잎과 꽃잎 사이에는 백억의 마니보주가 찬란하게 장식되어 있고, 낱낱의 마니보주가 1천 광명을 발하는데, 그 광명은 칠보로 된 일산(日傘)〔蓋(개)〕과 같이 땅 위를 덮고 있느니라.

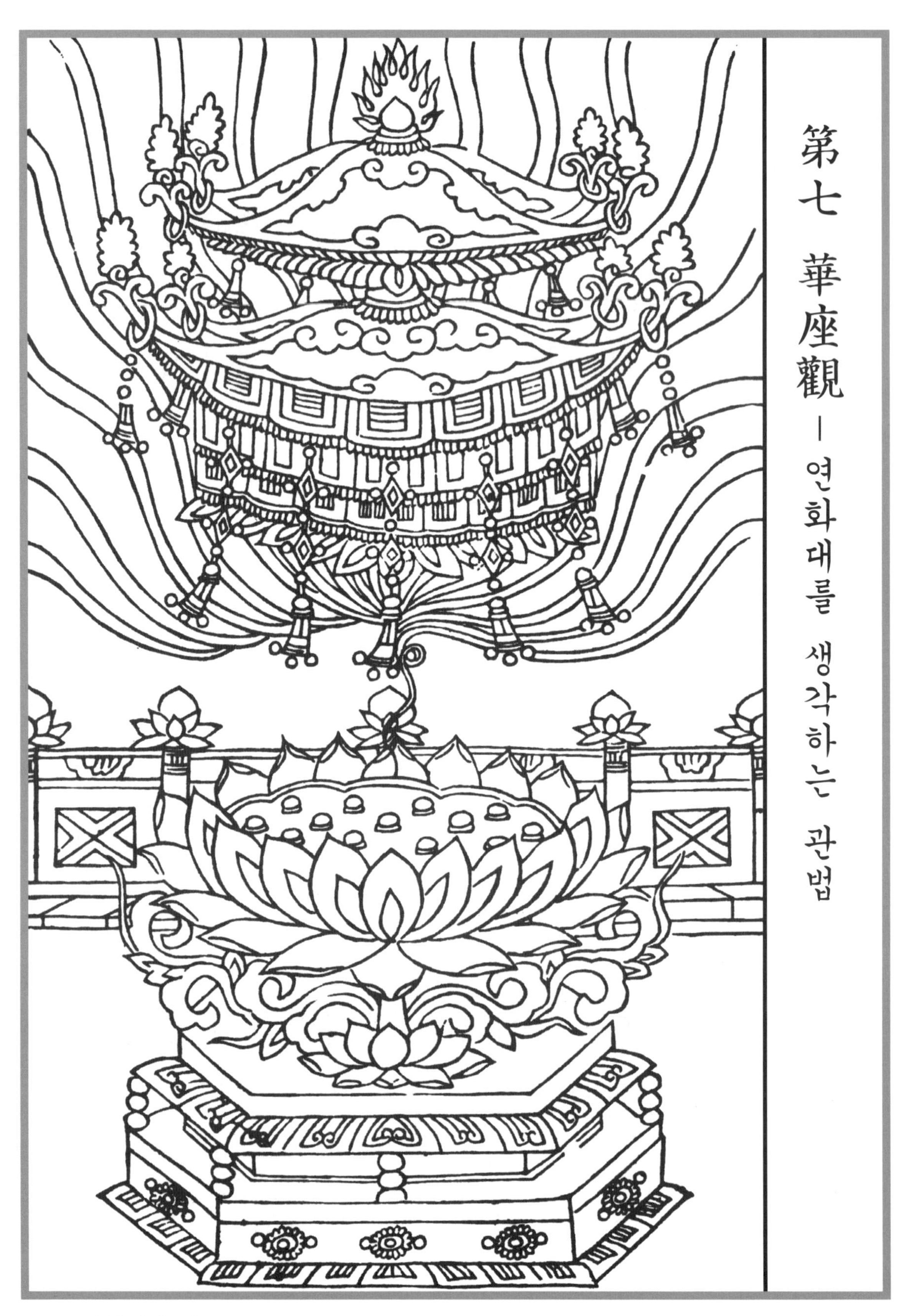

第七 華座観 – 연화대를 생각하는 관법

그리고 석가비릉가마니보(釋迦毘楞伽摩尼寶)(여러 가지로 변하는 여의주)로 된 연화대는 금강석과 붉은 보석과 맑은 보석과 아름다운 진주로 꾸민 그물로 장식되어 있느니라.

연화대 위에는 네 개의 보배기둥이 서 있는데, 하나하나가 백천만억 개의 수미산과 같고, 보배기둥 위의 보배휘장은 마치 야마천궁(夜摩天宮)과 같나니, 5백억의 아름다운 보배구슬로 찬란하게 장식되어 있느니라.

그 하나하나의 보배구슬에는 8만 4천의 광명이 있고, 낱낱의 광명마다 8만 4천의 각기 다른 금빛을 띠고 있나니, 낱낱의 금빛이 그 세계를 비추어 곳곳마다 각기 다른 모습으로 변화시키느니라.

곧 금강대(金剛臺)가 되기도 하고 진주그물이 되기도 하고 갖가지 꽃구름이 되기도 하는 등, 시방의 각처에서 뜻하는 대로 변화하여 불사(佛事)를 베푸느니라.

이것이 극락의 연화대를 생각하는 화좌관(華座觀)이

요, 일곱번째 관[第七觀]이라 이름하느니라."

부처님께서 아난에게 이르셨다.

"이와 같이 미묘한 연화대는 본래 법장비구(法藏比丘)(아미타불의 보살 때 이름)의 원력(願力)으로 이루어진 것이니, 저 부처님을 염(念)하고자 하면 이 미묘한 연화대부터 먼저 생각해야 하느니라.

이 관상(觀想)을 할 때는 이것저것 뒤섞어서 관을 하지 말고, 하나씩 하나씩 관해야 하느니라. 낱낱의 잎, 낱낱의 구슬, 낱낱의 광명, 낱낱의 대(臺), 낱낱의 휘장을 거울 속에 비친 모습을 보듯이 분명하게 볼지니라.

이 관상을 성취하는 이는 5만억 겁 생사의 죄업을 소멸하여 결정코 극락세계에 태어나게 되나니, 이렇게 관하는 것을 정관(正觀)이라 하고 이와 다르게 관하면 사관(邪觀)이라 하느니라."

제8 상상관想像觀

부처님께서 아난과 위제희에게 이르셨다.

"이미 연화대를 관하였으면 다음에는 부처님을 생각할지니라. 그 까닭이 무엇인가?

온 법계를 몸으로 삼는〔法界身〕 제불여래가 일체중생의 심상(心想) 가운데 이미 들어와 계시기 때문이니라. 그러므로 너희가 마음으로 부처님을 생각하면 이 마음이 곧 삼십이상(三十二相) 팔십종호(八十種好)를 갖춘 부처님이요, 이 마음으로 부처를 이루니 이 마음이 바로 부처이니라〔是心是佛〕.

부처님들의 바르고 두루한 지혜의 바다〔正遍知海〕는 마음에서 생기나니, 마땅히 일심으로 생각을 집중하여 저 부처님의 여래(如來)·응공(應供)·정변지(正遍知)를 자세히 관해야 하느니라.

저 부처님을 생각할 때는 먼저 형상을 생각할지니, 눈을 감거나 눈을 뜨거나 염부단금색을 띤 불상이 저 연화대 위에 앉아 있는 모습을 관할지니라.

第八 想像觀 — 삼존불을 생각하는 관법

앉아계신 부처님의 상을 보고 나면 마음의 눈〔心眼(심안)〕이 열려서, 저 극락세계의 칠보로 장엄된 보배땅과 보배연못과 줄지어 늘어선 보배나무와 나무 위를 덮고 있는 천상의 휘장들과 허공에 가득한 수많은 보배그물들을 분명하게 볼 수 있으리니, 그 모습을 마치 손바닥을 보듯이 아주 명료하게 관할지니라.

이렇게 관하고 나서는 부처님의 왼쪽과 오른쪽에 큰 연꽃이 피어 있는 것을 생각할지니, 그 연꽃은 앞에서 말한 연꽃과 조금도 다르지 않느니라. 이어 한 분의 관세음보살상(觀世音菩薩像)이 부처님 왼쪽의 연화대에 앉아서 금빛 광명을 발하고 있는 모습을 생각하고, 또 한 분의 대세지보살상(大勢至菩薩像)이 부처님 오른쪽의 연화대에 앉아 있는 모습을 생각할지니라.

이러한 관상이 이루어지면 불보살상(佛菩薩像) 모두가 아름다운 빛을 발하게 되며, 황금색인 그 광명이 모든 보배나무를 비추면 하나하나의 보배

나무 밑에 세 송이의 연꽃이 피어나나니, 그 연꽃들마다 하나의 불상과 두 보살상이 앉아 저 세계를 가득 채우느니라.

이렇게 관상이 이루어졌을 때 수행자는 흐르는 물과 광명과 보배나무들과 물오리와 기러기와 원앙이 하나같이 설하고 있는 미묘한 법을 들을 수 있느니라.

선정에 들었을 때나 선정에서 나왔을 때나 묘한 법을 늘 들어야 하나니, 수행자는 선정에서 나왔을 때 선정 중에 들은 것을 잘 기억하고 지녀서 경전의 말씀과 합치하는지를 살펴야 하느니라. 만약 합치가 되지 않으면 망상(妄想)을 한 것이요, 합치가 되면 대략 극락세계를 보았다고 할 수 있느니라.

이것이 불상을 생각하는 관〔想像觀〕이요, 여덟번째 관〔第八觀〕이라 이름하나니, 이 관상을 성취하는 이는 무량억겁 생사의 죄를 소멸하고 현재의 몸으로 염불삼매(念佛三昧)를 얻게 되느니라."

제9 진신관眞身觀

부처님께서 아난과 위제희에게 이르셨다.

"상상관(想像觀)이 이루어졌으면 다음에는 다시 아미타불의 신상(身相)과 광명을 관할지니라.

아난아, 마땅히 알아라. 아미타불의 몸은 백천만억 야마천의 백천만억 염부단금을 합한 것처럼 빛나고, 부처님의 키는 60만억 나유타 항하사 유순이니라.

오른쪽으로 우아하게 돌아가는 미간(眉間)의 백호(白毫)는 다섯 개의 수미산 모습과 같고, 부처님의 눈은 사대해(四大海)의 물처럼 맑고 푸르고 흰자위가 선명하며, 몸의 모든 털구멍에서는 수미산과 같은 광명이 나오느니라.

부처님 뒤의 원광(圓光)(둥근 광명)은 마치 백억의 삼천대천세계와 같고, 그 원광 속에는 백만억 나유타 항하사만큼의 화불(化佛)이 계시며, 낱낱의 화불은 무수히 많은 화신보살이 모시고 있느니라.

아미타불께는 8만 4천 종류의 상(相)이 있고, 하

第九 眞身觀 – 아미타불의 몸을 생각하는 관법

나하나의 상에는 8만 4천 가지의 수형호(隨形好)(따르는 좋은 모습)가 있으며, 낱낱의 수형호마다 8만 4천 광명이 있어서, 그 낱낱의 광명으로 시방세계를 두루 비추어 염불하는 중생을 한 사람도 버리지 않고 거두어들이느니라.

이러한 광명과 상호와 화불은 이루 다 말할 수 없나니, 다만 그 모습을 마음으로 기억하고 생각하여 밝게 보면 되느니라.

이렇게 볼 수 있는 이는 곧 시방의 일체제불(一切諸佛)을 보게 되나니, 제불을 보기 때문에 염불삼매(念佛三昧)라고 이름하고, 이렇게 관하는 것을 '관일체불신(觀一切佛身)(모든 부처님의 몸을 관함)'이라 하느니라.

부처님의 몸을 관하므로 부처님의 마음도 볼 수 있나니, 부처님들의 마음은 대자비(大慈悲)라, 무연자비(無緣慈悲)(인연에 얽매임이 없는 자비)로써 모든 중생을 거두어들이느니라.

이 관을 닦은 이가 몸을 버리고 다른 세상에 태어날 때는 부처님들 앞에서 무생법인(無生法忍)을 얻게 되느니라. 그러므로 지혜로운 이는 마음을 집중하여 아미타불을 자세히 관하여야 하느니라.

아미타불을 관하는 것은 한 가지 상호를 좇아서 들어가야 하나니, 오로지 미간의 백호상(白毫相)을 명료하게 관할지니라. 미간의 백호상을 잘 보게 되면 8만 4천 상호를 저절로 다 볼 수 있게 되느니라.

아미타불을 보는 이는 시방의 무량한 부처님들을 볼 수 있게 되며, 부처님들을 볼 수 있게 되면 현전한 부처님들께서 수기를 주시느니라.

이것이 일체 색신을 두루 생각하는 관〔邊觀一切色想〕이요, 아홉번째 관〔第九觀〕이라 이름하나니, 이렇게 관하는 것을 정관(正觀)이라 하고 이와 다르게 관하면 사관(邪觀)이라 하느니라."

제10 관음관觀音觀

부처님께서 아난과 위제희에게 이르셨다.

“아미타불을 분명하게 뵙고 난 다음에는 관세음보살을 관할지니라.

관세음보살의 키는 80억 나유타 항하사 유순이요 몸은 자금색(紫金色)이요 정수리에는 육계(肉髻)가 있으며 머리에는 원광(圓光)이 있느니라.

이 원광의 지름은 백천 유순이나 되고, 원광 속에는 석가모니불과 같이 생긴 화불(化佛) 5백 분이 계시며, 낱낱의 화불마다 다시 5백의 화신 보살과 헤아릴 수 없이 많은 천인들이 모시고 있느니라.

또 몸에서 발하는 광명 속에는 오도(五道)(지옥·아귀·축생·인간·천상) 중생들의 모습이 다 나타나 있느니라.

머리 위에는 비릉가마니보배로 된 천관(天冠)을 쓰고 있고, 천관 속에 한 분의 화불(化佛)(아미타불)이 계시는데 높이가 25유순이니라.

관세음보살의 얼굴은 염부단금의 색과 같

第十 觀音觀 — 관세음보살을 생각하는 관법

고, 칠보의 색을 띠고 있는 미간의 백호에서는 8만 4천의 광명을 발하고 있는데, 하나하나의 광명마다 한량없고 셀 수 없는 화불이 계시고, 낱낱의 화불을 무수히 많은 화신보살이 모시고 있나니, 자재로이 변화하면서 나타나는 화불과 화신보살이 시방세계 어디에나 가득 차 있느니라.

또 홍련화와 같은 붉은 색으로 80억의 미묘한 광명을 발하는 영락瓔珞(보배구슬)이 있는데, 그 영락 가운데에는 온갖 장엄한 일들이 두루 나타나느니라.

손바닥은 5백억이나 되는 여러 가지 연꽃의 색을 띠고 있으며, 열 손가락 하나하나마다 8만 4천 가지 무늬가 있나니, 마치 무늬를 도장으로 새겨놓은 것과 같으니라.

그리고 각각의 무늬마다 8만 4천 가지의 빛깔이 있고, 낱낱의 빛깔에서는 8만 4천 가지 광명을 발하여 일체를 두루 비추나니, 이 보배로운 손으로 중생들을 맞이하느니라.

관세음보살이 발을 들 때는 발바닥에 있는 천 폭의 바퀴살무늬〔千輻輪相〕가 자연스럽게 5백억의 광명대(光明臺)로 변화하며, 발을 디딜 때는 금강마니보배의 꽃이 모든 곳에 두루 뿌려져서 가득 채워지느니라.

그 밖의 다른 상호들도 훌륭하게 갖추어져서 부처님과 다를 바가 없으나, 오직 정수리 위의 육계(肉髻)와 무견정상(無見頂相)(32상의 하나. 육계의 꼭대기인 정수리는 천인이나 인간이 볼 수 없음)만은 부처님에 미치지 못하느니라.

이것이 '관세음보살의 진실한 색신을 생각하는 관〔觀觀世音菩薩眞實色身想〕'이요, 열번째 관〔第十觀〕이라 이름하느니라."

부처님께서 아난에게 이르셨다.

"만약 관세음보살을 관하고자 하면 이렇게 관할지니라.

이렇게 관세음보살을 관하면 모든 재앙을

만나지 않게 되고, 업장(業障)들이 깨끗하게 제거되며, 무수한 겁 동안 지은 생사의 죄가 없어지게 되느니라.

이 보살의 이름을 듣는 것만으로도 무량한 복을 받거늘, 하물며 자세히 생각하고 관한다면 어떠하겠느냐?

관세음보살을 관하는 이들은 먼저 정수리 위의 육계를 관한 다음 천관을 관하고, 나머지 상호들을 차례대로 관하되, 스스로의 손바닥을 들여다보듯이 명료하게 할지니, 이렇게 관하면 정관(正觀)이라 하고 이와 다르게 관하면 사관(邪觀)이라 하느니라."

제11 세지관勢至觀

부처님께서 아난과 위제희에게 이르셨다.

“다음에는 대세지보살을 관할지니라.

이 보살의 몸의 크기는 관세음보살과 같으며, 머리에서 발하는 원광(圓光)의 지름은 125유순으로, 주위 250유순까지 비추느니라. 온몸에서는 자금색 광명을 발하여 시방의 국토들을 비추나니, 인연이 있는 중생은 모두가 볼 수 있느니라.

이 보살의 털구멍(毛孔) 하나에서 나오는 광명만 보아도 시방세계 무량 제불의 청정하고 미묘한 광명을 보는 것이 되기 때문에 이 보살을 일컬어 무변광(無邊光)이라 하고, 지혜의 광명으로 모두를 비추어 삼악도를 벗어나게 하는 위없는 힘(無上力)을 얻게 하기 때문에 대세지보살(大勢至菩薩)이라고 이름하느니라.

이 보살의 천관(天冠)에는 5백 송이의 보배연꽃이 있고, 낱낱의 보배연꽃마다 5백의 꽃받침대가

第十一 勢至觀 – 대세지보살을 생각하는 관법

있는데, 그 받침대에는 시방제불의 청정하고 미묘한 불국토의 광대한 모습이 모두 나타나 있느니라.

정수리 위의 육계는 발두마화(鉢頭摩華)(붉은 연꽃)와 같고, 육계 위에는 보병(寶甁) 하나가 있나니, 치성한 온갖 광명으로 불사(佛事)들을 두루 나타내고 성취시키느니라. 이것 외의 신상(身相)은 관세음보살과 거의 같도다.

이 보살이 걸어 다닐 때는 시방세계 전체가 진동을 하는데, 땅이 움직이는 곳마다 5백억의 보배꽃이 피어나나니, 그 보배꽃의 빼어난 모습은 극락세계의 것과 같으니라.

이 보살이 앉을 때에도 칠보로 된 국토가 일시에 진동하나니, 아래쪽의 금광불(金光佛) 국토에서부터 위쪽의 금광왕불(金光王佛) 국토까지의 모든 곳에 있는 한량없는 아미타불의 분신과 관세음보살·대세지보살의 분신이 극락세계로 구름처럼 모여들어서, 허공에 가득한 연화대에 앉아

묘법(妙法)을 연설하여 고해의 중생을 제도하느니라.

이렇게 관하면 정관이라 하고, 이와 다르게 관하면 사관이라 하나니, 이렇게 대세지보살을 보는 것을 '대세지보살의 색신을 생각하는 관〔觀大勢至色身想〕'이요, 열한번째 관〔第十一觀〕이라 이름하느니라.

이 보살을 관하는 이는 무수한 아승지겁 동안 지은 생사의 죄를 소멸하고, 이 관을 하면 다시는 태(胎) 속에 들어가지 않게 되며, 언제나 부처님들의 청정하고 아름다운 불국토 속에서 노닐게 되느니라.

이상의 관이 이루어지면 '관세음보살과 대세지보살을 구족하여 갖추었다〔具足觀觀音及大勢至〕' 고 하느니라."

제12 보관普觀

부처님께서 아난과 위제희에게 이르셨다.

"이러한 삼관三觀(앞의 진신관·관음관·세지관)을 하고 나거든 마땅히 스스로의 마음을 일으킬지니라.

곧 자신이 서방 극락세계에 태어나서 연꽃 속에 결가부좌를 하고 앉아 있는데, 그 연꽃의 잎이 닫혔다가 활짝 피어나는 것을 생각할지니라.

연꽃이 피어날 때는 5백 가지 빛깔의 광명이 스스로의 몸을 비추고 있음을 생각하고, 마음의 눈을 뜨게 한다고 생각해야 하느니라.

그리하면 불보살님들이 허공에 가득함을 볼 것이요, 물과 새와 나무와 숲에서 흘러나오는 소리가 부처님들께서 설하신 십이부경十二部經과 꼭 같음을 알게 되나니, 선정에서 나왔을 때에도 잘 기억하여 잊지 않게 할지어다.

이와 같이 관할 수 있게 되면 '아미타불의 극락세계를 보았다〔見無量壽佛極樂世界(견무량수불극락세계)〕'고 하나니,

第十二 普觀 – 스스로가 왕생하였음을 생각하는 관법

이것이 보관상(普觀想)이요, 열두번째 관〔第十二觀(제십이관)〕이라 이름하느니라.

이 관을 행하면 아미타불의 무수한 화신이 관세음보살·대세지보살과 함께 이 수행자의 처소에 오시느니라."

제13 잡상관雜想觀

부처님께서 아난과 위제희에게 이르셨다.

"지극한 마음으로 서방정토에 나고자 하는 이는 먼저 1장 6척(4.8m)의 불상이 연못 위에 계신 것부터 관할지니라.

앞에서 말한 것처럼 아미타불의 몸은 한량없이 커서 범부의 심력(心力)으로는 다 볼 수가 없지만, 저 여래께서 과거에 세운 원력(願力)으로 인해 지극한 마음으로 생각하는 이는 반드시 성취할 수 있느니라.

단지 1장 6척의 불상만을 생각하여도 무량

第十三 雜想觀 - 극락의 여러 가지를 생각하는 관법

한 복을 얻거늘, 부처님의 원만구족한 신상(身相)을 관하는 이는 어떠하겠느냐?

아미타불께서는 신통력이 자재하여 시방의 국토에 자재하게 화현하시나니, 허공을 가득 채우는 큰 몸으로 나타나기도 하고, 1장 6척 또는 8척의 작은 몸으로 나타나기도 하시지만, 그 모두가 진금색(眞金色)을 띠고 있고, 원광(圓光) 속의 화불(化佛)과 보배연꽃들은 앞에서 말한 것과 같으니라.

또 어느 곳에서나 비슷한 모습을 나타내는 관세음보살과 대세지보살이지만, 중생들은 단지 두 보살의 머리 모습만 보고도 관세음보살인지 대세지보살인지를 알 수가 있느니라. 이 두 보살은 아미타불을 도와서 일체중생을 두루 교화하느니라.

이것이 잡상관(雜想觀)이요, 열세번째 관〔第十三觀(제십삼관)〕이라 이름하느니라."

제14 상배관上輩觀

① 상품상생上品上生

부처님께서 아난과 위제희에게 이르셨다.

"극락정토왕생에서 가장 좋은 태어남은 상품상생(上品上生)이니라. 이 상품상생 연화대에 태어나고자 하면 세 가지 마음을 발하여야 하나니, 무엇이 세 가지인가?

첫째는 지극히 정성스러운 마음〔至誠心(지성심)〕이요

둘째는 깊은 마음〔深心(심심)〕이요

셋째는 회향발원심(迴向發願心)(자기의 선행을 극락 왕생에로 회향하는 것)이다.

이 세 가지 마음을 갖추면 반드시 극락세계에 태어나느니라.

또 세 종류의 중생이 왕생하게 되나니, 무엇이 세 종류인가?

첫째는 자심(慈心)(자비심)으로 살생하지 않고 계행(戒行)을 잘 갖춘 이요

둘째는 대승방등경전(大乘方等經典)을 독송하는 이요

第十四 ①上品上生觀 – 상품상생 연화대를 생각하는 관법

셋째는 육념[六念](불·법·승·계율·보시·천상을 생각함)을 닦은 공덕을 회향하여 저 극락세계에 태어나기를 발원하는 이들이니라.

이러한 공덕을 갖추면 하루에서 이레 사이에 왕생을 할 수 있느니라.

용맹정진을 한 이 사람이 극락세계에 태어날 때에는 아미타여래께서 관세음보살과 대세지보살, 그리고 무수히 많은 화불과 백천의 성문[聲聞] 비구대중[比丘大衆]과 한량없는 천인들과 함께 오시느니라.

금강대[金剛臺](금강석으로 만든 연화대)를 든 관세음보살이 대세지보살과 함께 수행자 앞에 이르면, 아미타불께서 큰 광명을 놓아 수행자의 몸을 비추시고, 여러 보살들과 더불어 손을 내밀어 영접하시느니라.

그때 관세음보살과 대세지보살은 수많은 보살들과 함께 수행자를 찬탄하고 그의 마음을 격려하느니라.

수행자가 이를 보고 뛸 듯이 기뻐하며 스스로의 몸을 돌아보면, 이미 자신이 금강대를 타고 부처님의 뒤를 따라가고 있음을 알게 되고, 손가락 한 번 튕기는 사이에 저 세계로 가서 태어나게 되느니라.

극락세계에 태어나서는 부처님의 몸에 갖추어져 있는 여러 가지 상호들과 보살들이 갖추고 있는 훌륭한 상호들을 모두 볼 수 있을 뿐 아니라, 광명이 가득한 보배나무 숲에서 울려 나오는 훌륭한 법문을 듣고는 곧바로 무생법인(無生法忍)을 깨닫게 되느니라.

또 잠깐 사이에 시방세계를 두루 다니면서 부처들을 친견하고, 그 부처님들께 차례로 수기(受記)를 받은 다음에 극락세계로 돌아와서 백천무량 다라니문(陀羅尼門)을 얻느니라.

이를 이름하여 상품상생이라 하노라.”

② 상품중생上品中生

“상품중생(上品中生) 연화대에는 누가 가는가?

반드시 방등경전(方等經典)을 수지독송(受持讀誦)하지 않더라도 대승의 뜻을 잘 이해하고, 제일 심오한 진리〔第一義〕를 대했을 때 놀라거나 동요하지 않고, 인과(因果)를 깊이 믿고 대승을 비방하지 않은 공덕을 회향하여 극락세계에 왕생하고자 하는 이들이 태어나느니라.

이와 같이 수행자가 수명이 다하게 되면 아미타불께서 관세음보살·대세지보살 등의 수많은 대중과 권속들에게 둘러싸여 자금색(紫金色) 연화대를 가지고 수행자 앞에 이르러 찬탄을 하시느니라.

‘법의 아들〔法子〕이여, 그대가 대승을 행하고 제일 심오한 진리를 이해하였기에, 내 지금 너를 영접하러 왔노라.’

그리고는 1천 화불(化佛)과 함께 일시에 손을 내미시는데, 수행자가 스스로를 돌아보면 자금색

第十四 ②上品中生觀
— 상품중생 연화대를 생각하는 관법

연화대에 앉아 있음을 보게 되느니라. 그는 합장하여 부처님들을 찬탄하는 일념의 짧은 순간에 저 극락세계의 칠보연못 가운데 태어나느니라.

큰 보배꽃과 같은 그의 자금대(紫金臺)(자금색 연화대)가 하룻밤이 지나 활짝 피어나면 수행자의 몸은 자금색으로 변하고, 발밑에는 또 다른 칠보연꽃이 피어 있느니라. 이때 부처님과 보살들이 함께 광명을 놓아 수행자의 몸을 비추면 곧바로 눈이 밝게 열리고, 과거생에 익힌 공덕에 의해 그곳에서 듣게 되는 모든 소리가 제일의(第一義)(제일 심오한 진리)임을 알게 되느니라.

수행자는 바로 자금대에서 내려와 합장예배하면서 부처님을 찬탄하는데, 7일이 지나면 곧 아뇩다라삼먁삼보리(阿耨多羅三藐三菩提)에서 물러나지 않는 불퇴전(不退轉)의 경지를 얻게 되고, 시방세계를 날아다니며 부처님들을 차례로 섬기고 부처님들의 처소에서 온갖 삼매를 닦나니, 이렇게 1소겁(小劫)을 지나면 무생법인(無生法忍)을 얻고 부처님의 수기를 받느니라.

이를 이름하여 상품중생이라 하노라."

③ 상품하생上品下生

"상품하생(上品下生) 연화대에는 누가 나는가?

인과를 믿고, 대승법을 비방하지 않으며, 무상도심(無上道心)(위없는 도를 구하는 마음)을 일으킨 공덕을 회향하여 극락세계에 왕생하고자 하는 이들이 태어나느니라.

이러한 수행자가 수명이 다하게 되면 아미타불께서, 관세음보살·대세지보살을 비롯한 권속들과 함께 금련화(金蓮華)(금으로 된 연화대)를 가지고 5백의 화불(化佛)로 나투시어 그를 영접하시느니라.

그때 5백의 화불은 일시에 손을 내밀면서 찬탄을 하느니라.

'법의 아들아, 그대가 청정한 무상도심을 일으켰기에 내 지금 영접을 하러 왔노라.'

第十四 ③上品下生觀 – 상품하생 연화대를 생각하는 관법

수행자는 이 말을 들음과 동시에 자신이 금련화에 앉은 모습을 보게 되는데, 앉자마자 연꽃잎이 닫히고, 부처님의 뒤를 따라 곧바로 극락의 칠보연못 가운데 태어나느니라.

하룻밤 하룻낮이 지나면 연꽃잎이 다시 열리고, 7일 안에 부처님을 친견하게 되느니라. 비록 부처님을 친견하기는 하나 부처님의 상호들을 명료하게 보지 못하다가 21일이 지난 후에야 또렷하게 볼 수 있으며, 묘한 법을 설하는 극락의 온갖 소리들을 들을 수 있느니라.

그리고 시방세계를 두루 다니며 부처님들께 공양하고 부처님들로부터 매우 깊은 법문을 듣나니, 이렇게 3소겁(小劫)을 지나면 백법명문(百法明門)(모든 법을 밝게 통달하는 지혜문)을 얻고 환희지(歡喜地)(모든 의혹을 끊고 환희로움을 이루는 십지의 첫 번째 단계)에 머무느니라.

이를 이름하여 상품하생이라 하노라.

이상의 상품삼생(上品三生)을 관하는 것을 상배에 태어나는 관상(上輩生想)이라 하며 열네 번째관(第十四觀)이라 이름하느니라."

제15 중배관中輩觀

① 중품상생中品上生

부처님께서 아난과 위제희에게 이르셨다.

"중품상생 연화대에는 누가 나는가?

오계(五戒)를 수지하고 팔재계(八齋戒)를 지키는 등의 계율을 잘 닦고 오역죄(五逆罪)를 범하지 않으며, 허물과 악함이 없는 선근(善根)을 지은 공덕을 회향하여 극락세계에 왕생하고자 하는 이들이 태어나느니라.

이 수행자가 수명이 다하게 되면 아미타불께서 여러 비구권속들과 함께 금색광명을 발하시며 그의 처소로 와서 고(苦)·공(空)·무상(無常)·무아(無我)의 법문을 설하시고, 출가를 하여 괴로움들을 여읜 것에 대해 찬탄을 하시느니라.

부처님을 친견한 수행자가 크게 환희심을 발하며 스스로를 돌아보면, 자신이 연화대에 앉은 모습을 보게 되느니라.

第十五 ①中品上生觀 – 중품상생 연화대를 생각하는 관법

그가 무릎을 꿇고 부처님께 합장예배를 드린 다음 숙였던 머리를 미처 들기도 전에 극락세계에 태어나며, 연꽃이 피어나기 시작하느니라.

연꽃이 활짝 피어나면 사제(四諦)를 찬탄하는 여러 음성을 듣고 곧바로 아라한과(阿羅漢果)를 얻어 삼명(三明)과 육신통(六神通)과 팔해탈(八解脫)을 갖추게 되느니라.

이를 이름하여 중품상생이라 하노라."

② 중품중생中品中生

"중품중생 연화대에는 누가 나는가?

하룻낮 하룻밤 동안 팔재계(八齋戒)를 지니거나 하룻낮 하룻밤 동안 사미계(沙彌戒)를 지니거나 하룻낮 하룻밤 동안 구족계(具足戒)를 지켜서 그 위의(威儀)(행동거지)가 조금도 부족함이 없을 때, 그 공덕을 회향하여 극락세계에 왕생하고자 하는 이들이 태어나느니라.

第十五 ②中品中生觀 – 중품중생 연화대를 생각하는 관법

계의 향기〔戒香〕가 몸에 배어 있는 수행자가 수명이 다하게 되면 아미타불께서 여러 권속들과 함께 금색 광명을 발하시며 칠보로 된 연화대를 가지고 수행자 앞에 오시는 것을 뵈올 수가 있으며, 허공에서 자신을 찬탄하는 소리를 듣게 되느니라.

'선남자야, 착한 그대가 삼세제불(三世諸佛)의 가르침을 잘 따랐기에 내가 영접하러 왔노라.'

그때 수행자는 자신이 연꽃 위에 앉은 모습을 보게 되는데, 곧바로 연꽃잎이 닫히면서 극락세계의 보배연못 가운데 태어나며, 7일 만에 연꽃이 피어나기 시작하느니라.

연꽃이 피고 눈이 열리면 합장하여 부처님을 찬탄하고, 환희심으로 법문을 듣고는 수다원과(須陀洹果)를 얻게 되며, 반겁(半劫)이 지난 뒤에 아라한과를 이루느니라.

이를 이름하여 중품중생이라 하노라."

③ 중품하생中品下生

"중품하생 연화대에는 누가 나는가?

선남자선여인 중에 부모님께 효도하고 세상에서 인의(仁義)(어짊과 의로움)를 행한 이가 수명이 다해가면 선지식이 나타나서 아미타불 국토의 즐거움에 대해 자세히 말해주고 법장비구(法藏比丘)의 사십팔대원(四十八大願)에 대해 자세히 말해주나니, 이를 듣고 나서 숨을 거둔 그는 힘센 장사가 팔을 굽혔다가 펴는 짧은 사이에 서방의 극락세계에 태어나느니라.

태어난 지 7일이 지나면 관세음보살과 대세지보살을 만나 환희심으로 법문을 듣고는 수다원과(須陀洹果)를 얻고, 1소겁이 지난 뒤에 아라한과를 이루느니라.

이를 이름하여 중품하생이라 하노라.

이상의 중품삼생(中品三生)을 관하는 것을 중배에 태어나는 관상〔中輩生想〕이라 하며, 열다섯번째 관〔第十五觀〕이라 이름하느니라."

第十五 ③中品下生觀 – 중품하생 연화대를 생각하는 관법

제16 하배관下輩觀

① 하품상생下品上生

부처님께서 아난과 위제희에게 이르셨다.

"하품상생 연화대에는 누가 나는가?

어떤 중생이 방등경전은 비방하지 않았다고 할지라도 많은 악업(惡業)을 지었을 경우, 이 어리석은 이는 지은 악법(惡法)들에 대해 부끄럽게 여기지 않느니라.

그러다가 수명이 다해갈 때 선지식이 나타나서 대승 십이부경(十二部經)의 경전 제목을 말해주면 경전 제목을 들은 까닭에 1천 겁 동안 지은 무거운 악업들을 제거하게 되며, 지혜로운 이의 '합장하고 나무아미타불(南無阿彌陀佛)을 부르라'는 가르침에 따라 부처님의 명호를 부르면, 50억 겁 동안 받을 생사의 죄가 없어지게 되느니라.

그때 아미타불께서는 화불과 화신관세음보살과 화신대세지보살을 보내시나니, 행자 앞

第十六①下品上生觀
- 하품상생 연화대를 생각하는 관법

으로 간 화신들은 찬탄하느니라.

'장하다, 선남자야. 그대가 부처님의 명호를 불러 죄가 소멸되었기에 맞이하러 왔노라.'

이 말을 들은 그는 방 안에 화불의 광명이 가득 찬 것을 보고 기뻐하면서 숨을 거둔 다음, 보배연꽃을 타고 화불의 뒤를 따라가서 보배연못 가운데 태어나느니라.

49일이 지나면 그 연꽃이 피어나나니, 연꽃이 필 때 대자대비하신 관세음보살과 대세지보살이 큰 광명을 발하며 그 사람 앞으로 와서, 그를 위해 깊고 미묘한 십이부경을 설하여 주느니라.

법문을 들은 그는 믿고 이해하여 무상도심을 발하게 되고, 10소겁이 지나면 백법명문(百法明門)을 갖추어 초지(初地)에 들어가느니라.

이를 이름하여 하품상생이라 하나니, 불(佛)·법(法)·승(僧) 삼보(三寶)의 이름을 들으면 왕생을 할 수 있느니라."

② 하품중생下品中生

부처님께서 아난과 위제희에게 이르셨다.

"하품중생 연화대에는 누가 나는가?

오계나 팔재계나 구족계를 헐뜯거나 범한 중생들이니, 이 어리석은 중생은 승단의 재물을 함부로 갖거나 승려 개인의 물건을 도둑질하고, 청정하지 않은 설법을 하고도 부끄럽게 여기지 않으며, 온갖 악한 법으로 자신을 장엄하느니라.

이와 같은 죄인은 악업의 과보로 지옥에 떨어지게 되나니, 그의 목숨이 다할 때가 되면 지옥의 온갖 불꽃이 한꺼번에 몰려오느니라.

그러나 선지식을 만나 대자비로 들려주는 아미타불의 십력(十力)과 위덕(威德)에 대한 찬탄, 부처님의 광명과 신통력과 계(戒)·정(定)·혜(慧)·해탈(解脫)·해탈지견(解脫知見)에 대한 법문을 듣게 되면, 그는 이 법문으로 인해 80억겁 생사의 죄를 소멸하게 되느니라.

그 순간 지옥의 맹렬한 불길은 청량한 미풍

第十六 ②下品中生觀 — 하품중생 연화대를 생각하는 관법

으로 변하고 하늘의 꽃들이 내려오나니, 그 꽃들 위에 나타난 화불과 화신보살이 그를 영접하여 일념의 짧은 순간에 칠보연못 가운데 있는 연꽃 속에 태어나게 하느니라.

그 연꽃은 6겁이 지나면 비로소 피어나나니, 연꽃이 피어날 때 관세음보살과 대세지보살이 범음성(梵音聲)(하늘의 맑은 음성)으로 그를 편안하게 위로한 다음 심오한 대승의 경전을 설하여 주며, 이 법문을 들은 그는 곧바로 무상도심을 발하느니라.

이를 이름하여 하품중생이라 하노라."

③ 하품하생下品下生

부처님께서 아난과 위제희에게 이르셨다.

"하품하생 연화대에는 누가 나는가?

어떤 중생이 매우 나쁜 오역죄(五逆罪)와 좋지 못한 십악(十惡) 등의 죄를 짓게 되면, 이 어리석은 이는 악업으로 인해 악도(惡道)에 떨어져서 여러 겁 동안 끝을 알 수 없는 괴로움을 받게 되느니라.

이와 같은 어리석은 이도 목숨이 다하려 할 때 선지식을 만나게 되면, 선지식은 여러 가지 말로 편안하게 위로하고 그를 위해 미묘한 법을 설하여 부처님을 생각하도록〔念佛〕 가르쳐 주느니라.

그러나 그는 괴로움에 시달려서 부처님을 생각할 겨를이 없느니라. 이에 선지식은 다시 권하노라.

'그대가 부처님을 생각〔念〕할 수 없다면 그냥 아미타불을 부르기만 하라.'

이에 그가 지극한 마음으로 소리가 끊어지지 않게 열 번만〔十念〕 '나무아미타불'을 부르게 되면, 부처님의 명호를 부른 공덕으로 염념(念念) 중에 80억 겁 동안 지은 생사의 죄를 소멸하게 되느니라.

그리하여 숨을 거둘 때 태양처럼 큰 금련화(金蓮華)가 앞에 있는 광경을 보게 되고, 일념 사이에

第十六 ③下品下生觀 – 하품하생 연화대를 생각하는 관법

극락세계로 왕생을 하게 되느니라.

12대겁(大劫)이 지나면 그 연꽃이 비로소 피어나게 되나니, 꽃이 피어날 때 관세음보살과 대세지보살이 대자대비한 음성으로 그를 위해 제법(諸法)의 실상(實相)과 죄를 멸하는 법을 자세히 설하여 주면, 그 법문을 듣고 환희하여 보리심(菩提心)을 발하느니라.

이를 이름하여 하품하생이라 하노라.

이상의 하품삼생(下品三生)을 관하는 것을 하배에 태어나는 관상〔下輩生想〕이라 하며, 열여섯번째 관〔第十六觀〕이라 이름하느니라."

세존께서 이 십육관법을 설하였을 때, 5백명의 시녀들과 함께 부처님의 설법을 들은 위제희 부인은 극락세계의 광대하고 장엄한 모습과 함께 아미타불과 두 보살의 몸을 보고 환희하면서, '일찍이 없었던 일〔未曾有〕'이라며 찬탄을 하였고, 활연히 크게 깨달아 무생법인(無生法忍)을 얻었다.

또 5백의 시녀들이 아뇩다라삼먁삼보리심을 발하고 극락세계에 태어나기를 발원하자 세존께서 수기를 주셨다.

"너희 모두는 반드시 왕생할 것이며, 극락세계에 태어난 뒤에는 제불현전삼매(諸佛現前三昧)(부처님들이 언제나 눈앞에 나타나는 삼매)를 얻게 되리라."

그때 한량없이 많은 천인들도 무상도심(無上道心)을 발하였다.

유통분流通分

그때 아난이 자리에서 일어나 부처님 앞으로 나아가서 아뢰었다.

"세존이시여, 이 경의 이름은 무엇이오며, 어떻게 하여야 법문의 요점을 잘 수지受持(받아서 간직함)할 수 있나이까?"

부처님께서 아난에게 이르셨다.

"아난아, 이 경을 '극락세계와 아미타불과 관세음보살과 대세지보살을 관하는 경〔觀 極樂國土 無量壽佛 觀世音菩薩 大勢至菩薩經〕'이라 이름하고, '업장을 깨끗이 제거하여 제불 앞에 태어나는 경〔淨除業障生諸佛前經〕'이라 이름할지니, 너희는 이를 잘 새겨 결코 잊지 말지어다.

이 십육관의 삼매를 행하면 현재의 몸으로 아미타불과 두 보살을 친견할 수 있느니라.

선남자선여인이 부처님의 이름과 두 보살의 이름만 들어도 무량겁 동안 지은 생사의 죄가 없어지거늘, 하물며 기억하고 생각을 하는〔憶念(억념)〕 이들이랴!

마땅히 알지어다. 염불(念佛)을 하는 이는 사람들 중의 분다리화(奔茶利花)(백련화)이니, 관세음보살과 대세지보살은 그의 훌륭한 벗이 되고, 그는 반드시 보리도량(菩提道場)에 앉게 되며, 제불의 집〔諸佛家(제불가)〕에 태어나게 되느니라."

부처님께서 아난에게 이르셨다.

"너는 이 말을 잘 간직하여라. 이 말을 잘 간직하는 것이 아미타불의 명호를 간직하는 것이니라."

부처님께서 이 말씀을 하실 때 목건련 존자와 아난 존자와 위제희 등이 부처님의 법문을 듣고 크게 환희하였다.

그때 세존께서는 발로 허공을 걸으시어 기사굴산으로 돌아가셨고, 아난은 대중들을 위해 앞의 일을 자세히 설하였다.

이에 한량없는 인간·천신·용·야차 등이 부처님의 가르침을 듣고 모두 크게 환희하였으며, 부처님께 예배를 드리고 물러갔다.

〈관무량수경 끝〉

용어풀이(가나다 순)

겁劫 : 아주 긴 무한한 시간. 1겁은 56억 7천만 년이라 함.

계戒 · **정**定 · **혜**慧 · **해탈**解脫 · **해탈지견**解脫知見 : 계율과 선정과 지혜의 삼학에 의해 해탈하게 되고, 해탈을 하면 자유자재로 모든 것을 볼 수 있음.

구족계具足戒 : 출가한 비구와 비구니가 지키는 계율. 비구는 250계를, 비구니는 348계를 지킴.

다라니문陀羅尼門 : 다라니는 '총지總持 · 능지能持' 등으로 번역됨. 원래는 법을 이해하고 기억하는 능력으로 사용된 단어이나, 나중에는 법의 정수를 담고 있는 요문要門이나 신비스런 능력을 가지고 있는 주문을 가리키는 단어로 사용됨.

당번幢幡 : 당幢. 간주竿柱(장대) 끝에 용머리 모양을 만들고 깃발을 달아 불보살의 위신력과 공덕을 표시한 장엄구莊嚴具. 중생을 지휘하고 마군들을 굴복시키는 표시로 사리탑이나 불전 앞에 세움.

대목건련大目犍連 : 목건련, 목련이라고도 함. 석가모니 십대제자 중 한 사람. 신통력이 매우 뛰어났으므로 신통제일神通第一이라 함.

무생법인無生法忍 : 남이 없는 법의 이치를 증득하는 것. 곧 공空이요 불생불멸不生不滅임을 철저히 깨달아 마음의 평화로움을 얻는 경지.

문수사리법왕자文殊師利法王子 : 줄여서 문수보살이라 하며, 부처님의 지혜와 자비 중 지혜를 나타내는 보살임. 과거에 이미 성불하였으나, 중생을 교화하기 위해 다시 보살이 되었다고 함.

방등경전方等經典 : 평등한 진리를 설한 대승경전.

백법명문百法明門 : 모든 법을 밝게 아는 지혜의 법문. 틀림없는 도리.

백호白毫 : 부처님의 미간 중앙에 있는 흰 털. 부처님의 32상 중 하나.

범천梵天 : 제석천과 함께 불법을 지키는 대표적인 호법신. 대범천이라고도 함.

보개寶蓋 : 햇빛을 막기 위해 사용하는 덮개(파라솔)로, 보배로 장식하였다 하여 보개라고 함.

보리심菩提心 : 아뇩다라삼먁삼보리심의 줄임말. 무상도심無上道心이라고도 함.

불퇴전不退轉 : 퇴보함 없이 위없는 법. 또는 물러남이 없는 경지.

사대해四大海 : 수미산 사방에 있는 대해.

사미계沙彌戒 : 20세 미만의 출가한 이가 지니는 계율. 십계十戒가 있음.

사십팔대원四十八大願 : 아미타불이 법장비구 시절에 극락을 건립하기 위해 세운 48가지 대원. 이 원을 완성시킴과 동시에 아미타불이 됨. 자세한 것은『무량수경』에 기술되어 있음.

사제四諦 : 사성제四聖諦라고도 함. 네 가지 성스러운 불교의 근본 가르침. ①인생이 고苦라는 진리를 비롯해서, ②고의 원인〔集〕 ③고의 멸滅 ④고를 멸로 이끄는 길〔道〕의 네 가지 진리를 말함.

삼명三明 : 육신통 가운데 전생을 아는 숙명통, 먼 곳의 일도 능히 아는 천안통, 번뇌를 다한 누진통의 셋을 '세 가지 밝은 지혜'라 하여 삼명이라고 함. →육신통

삼세제불三世諸佛 : 삼세는 과거 · 현재 · 미래이므로, 삼세제불은 모든 부처님을 가리킴.

성문聲聞 : '부처님의 가르침을 듣는 이'라는 뜻으로, 출가한 승려를 가리킴. 대승불교에서는 독각(연각)과 함께 소승의 수행자로 삼음.

수기受記 : 장차 성불하게 되리라는 부처님의 예언을 받게 됨.

수다원과須陀洹果 : 수다원도須陀洹道 성문사과聲聞四果의 첫 단계. 삼악도는 영원히 떠났으나 인간 세상과 천상을 7번 왕래한 뒤에 열반을 얻을 수 있는 경지.

수미산須彌山 : 산스크리트로는 수메루(Sumeru). 신화와 상상의 산으로 세계의 중앙에 우뚝 솟아 있고, 높이가 8만 유순으로 해와 달과 모든 별들이 이 산 주위를 돌고 있으며, 그 정상에 제석천왕의 궁전인 도리천이 있다고 함.

십력十力 : 부처님만이 지니고 있는 10가지 지혜의 힘.

십악十惡 : 열 가지 악행. 십선행十善行, 십선계十善戒의 반대.
① 목숨을 끊는 살생殺生 ② 도둑질을 하는 투도偸盜 ③ 삿된 성행위를 하는 음행邪淫 ④ 거짓말을 하는 망어妄語 ⑤ 욕을 하는 악구惡口 ⑥ 이상한 소리를 내는 기어奇語 ⑦ 이간질하는 양설兩舌 ⑧ 욕심이 가득한 탐욕貪慾 ⑨ 성내거나 시기하는 진에瞋恚 ⑩ 삿된 소견을 지니는 사견邪見

십이부경十二部經 : 부처님의 교설을 그 경문의 성질과 형식 등으로 구분하여 열둘로 나눈 것.

아나함과阿那含果 : 성문사과聲聞四果의 세 번째 단계. 색계에 태어난 다음에 열반에 드는 경지. 인간 세상에는 다시 오지 않는다고 하여 불래과不來果라고도 함.

아난阿難 : 석가모니의 사촌이며, 출가하여 오랫동안 부처님을 시봉하면서 가장 많은 법문을 들은 다문제일多聞第一의 제자. 1차 경전 결집 때 주역이 되었음.

아뇩다라삼먁삼보리阿耨多羅三藐三菩提 : 위없는 바른 깨달음. 가장 완전한 부처님의 깨달음. 무상정등각無上正等覺 · 무상정변지無上正遍知라고 번역함.

아라한과阿羅漢果 : 공양을 받을 만한 사람이라는 뜻으로 응공應供이라고도 하며, 줄여서 '나한'이라고도 함. 소승불교 최고의 깨달음에 이른 성자를 가리킴.

아승지겁阿僧祇劫 : 숫자로 헤아릴 수 없는 무한한 시간.

야마천궁夜摩天宮 : 욕계 6천 중 제3천. 밤낮없이 오욕락을 누린다고 함.

여덟 가지 바람 → 팔풍

염부제閻浮提 : 수미산 남쪽의 대륙. 원래는 인도를 가리켰으나, 이 사바세계를 뜻하는 말로 쓰이게 됨. 섬부주贍部洲라고도 함.

염불삼매念佛三昧 : 나무아미타불을 생각하며 외우는 염불에 완전히 몰입함.

오역죄五逆罪 : 무간지옥에 떨어지는 다섯 가지 죄. ①아버지를 죽임 ②어머니를 죽임 ③아라한을 죽임 ④부처님의 몸에서 피가 나게 함 ⑤승가(교단)의 화합을 깨뜨리는 죄.

오체투지五體投地 : 몸의 다섯 부분인 두 팔과 두 무릎과 이마를 땅에 대고 하는 큰 절.

육신통六神通 : 여섯 가지 신통력. ①보통 사람이 보지 못하는 것을 꿰뚫어 보는 천안통天眼通 ②보통 사람이 못 듣는 것을 듣는 천이통天耳通 ③남의 마음을 꿰뚫어 아는 타심통他心通 ④전생의 일을 꿰뚫어 아는 숙명통宿命通 ⑤걸림 없이 어디든지 오갈 수 있는 신족통神足通 등의 5가지 신통력에 ⑥번뇌가 완전히 사라진 누진통漏盡通을 더한 것. 다섯 가지 신통은 불교 이외의 선인이나 범부도 얻을 수 있으나, 누진통은 불교의 성자만이 얻을 수 있다고 함.

제바달다提婆達多 : 석가모니의 사촌으로 어렸을 때부터 언제나 석가모니와 라이벌 관계에 있었으며, 교단의 반역자나 악인으로 묘사되고 있음. 엄격한 금욕주의자로 불교 교단을 차지하려 하였으나 뜻을 이루지 못하였음.

제법실상諸法實相 : 모든 법의 진실한 모습. 곧 있는 그대로의 모습.

제석천帝釋天 : 인도의 인드라 신. 석제환인釋提桓因이라고도 함. 수미산 꼭대기의 33천을 주재하는 신들의 왕이자 인간 세상 등을 관장하는 신. 여러 불경 속에 부처님과 불법을 호위하는 신으로 자주 등장함.

제일의第一義 : 가장 뛰어나고 참된 도리.

칠보七寶 : 금 · 은 · 유리 · 파려 · 산호 · 마노 · 자거

팔공덕수八功德水 : 여덟 가지 공덕이 있는 물. ①청정함 ②향기로움 ③가벼움 ④서늘함 ⑤부드러움 ⑥아름다움 ⑦맛이 있음 ⑧마시면 병이 나음.

팔재계八齋戒 : ①살생을 금하고, ②주지 않은 것을 취하지 않으며, ③음란한 행위를 하지 않으며, ④거짓말 · 거친 말 · 헛된 말 · 이간질 등을 하지 않으며, ⑤음주를 하지 않으며, ⑥넓고 편안하고 화려한 장소에 앉거나 눕는 등의 나태함을 버리며, ⑦꽃다발 등 장식물과 향수와 노래 등 풍류를 버리며, ⑧때가 아닌 때에 식사하지 않는 오후불식을 행하는 것. 특히 마지막 오후불식을 8계 중에서 가장 중요하게 여김.

팔풍八風 : 사람의 마음을 동요시키는 여덟 가지 바람. 물질적인 이익〔利〕, 힘의 쇠퇴로 생기는 손해〔衰〕, 남의 존경을 받는 명예〔譽〕, 비난받을 만한 나쁜 평판〔毁〕, 면전에서 받는 칭찬〔稱〕, 남에게 듣는 헐뜯는 말〔譏〕, 좋은 일로 생기는 즐거움〔樂〕, 곤란한 일로 생기는 괴로움〔苦〕의 바람.

팔해탈八解脫 : 모든 번뇌를 끊고 아라한과를 얻기까지 8단계의 해탈 과정(내용이 너무 복잡하고 큰 도움이 되지 않으므로 8단계는 생략함).

화불化佛 : 중생을 교화하기 위해 신통력으로 임시로 나타낸 부처님의 분신.

영험 크고 성취 빠른 각종 사경집 (책 크기 4×6배판)

※ 정성껏 사경하면 큰 가피가 저절로 찾아들고, 업장참회는 물론이요 쉽게 소원을 성취할 수 있습니다. 각 책마다 사경의 방법을 자세하게 설명해 놓았습니다.

광명진언 사경 가로 · 세로쓰기
(1책으로 1080번 사경) 128쪽 5,000원
모든 불보살님의 총주總呪인 광명진언을 사경하면 그 가피력은 이루 다 말할 수 없을 정도입니다. 하루 108번씩 100일 동안 사경을 행하면 우리에게 크나큰 성취를 안겨주고 심중의 소원이 잘 이루어집니다.

반야심경 한글사경 (1책 50번 사경) 116쪽 4,500원
반야심경 한문사경 (1책 50번 사경) 116쪽 4,500원
반야심경을 사경하면 호법신장이 '나'를 지켜주고 공의 도리를 깨달아 평화롭고 안정된 삶이 함께합니다.

아미타경 한글사경 (1책 7번 사경) 116쪽 4,500원
살아 생전에 아미타경을 사경하거나, 부모님을 비롯한 가까운 분이 돌아가셨을 때 이 경을 쓰면 극락왕생이 참으로 가까워집니다.

관음경 한글사경 (1책 5번 사경) 112쪽 4,500원
관음경을 사경하면 가피가 한량이 없고 늘 행복이 함께 합니다. 학업성취 · 건강쾌유 · 자녀의 성공 · 경제문제 등에도 영험이 매우 큽니다.

신묘장구대다라니 사경 (1책 50번 사경) 4,500원
대다라니를 사경하면 관세음보살님과 호법신장들이 '나'와 주위를 지켜주고 소원성취와 동시에, 행복하고 자비심 가득한 마음을 가질 수 있도록 해줍니다.

보현행원품 한글사경 (1책 3번 사경) 120쪽 4,500원
행원품을 사경하면 자리이타의 삶과 업장 참회, 신통 · 지혜 · 복덕 · 자비 등을 빨리 이룰 수 있고 세세생생 불법과 함께 하며 보살도를 성취할 수 있습니다.

부모은중경 사경 (1책 3번 사경) 112쪽 4,500원
부처님께서는 부모님의 은혜를 새기면서 이 경을 쓰게 되면 그 어떤 행보다 큰 공덕이 생겨난다고 하였습니다. 정성 들여 사경하면 뜻하는 바가 이루어집니다.

아미타불 명호사경 (1책으로 5,400번 사경) 160쪽 6,000원
'나무아미타불'과 '아미타불'을 오회염불법에 따라 외우고 쓰는 특별한 명호사경집입니다. 집중력을 더하여, 심중 소원 성취에 큰 도움을 줍니다.

금강경 한글사경 (1책 3번 사경) 144쪽 5,500원
금강경 한문사경 (1책 3번 사경) 144쪽 5,500원
금강경 한문한글사경 (1책 1번 사경) 100쪽 4,000원
요긴하고 으뜸된 경전인 금강경을 사경해 보십시오. 업장소멸과 함께 크나큰 깨달음과 좋은 일들이 저절로 다가옵니다.

법화경 한글사경 (전5책) 권당 4,500원 총 22,500원
법화경을 사경하면 부처님과 대우주법계의 한량없는 가피가 저절로 찾아들어 소원성취 · 영가천도는 물론이요 깨달음과 경제적인 풍요까지 안겨줍니다.

약사경 한글사경 (1책 3번 사경) 112쪽 4,000원
약사경을 사경하면 약사여래의 가피가 저절로 찾아들어, 병환의 쾌차, 집안 평안, 업장소멸을 비롯한 갖가지 소원을 쉽게 성취할 수 있습니다.

천수경 한글사경 (1책 7번 사경) 112쪽 4,500원
천수경을 사경하고 독송하면 천수관음의 가피가 저절로 찾아들어, 업장 및 고난의 소멸과 갖가지 소원을 쉽게 성취할 수 있습니다.

지장경 한글사경 (1책 1번 사경) 144쪽 5,500원
지장경을 사경하고 영가천도는 물론이요, 각종 장애가 저절로 사라지고 심중의 소원이 성취됩니다. 백일 또는 49일 동안의 사경기도를 감히 권해 봅니다.

화엄경약찬게 사경 (1책 12번 사경) 112쪽 4,500원
화엄경약찬게를 쓰면 화엄경 한 편을 읽는 것과 같은 공덕이 생긴다고 하였습니다. 약찬게를 써 보십시오. 수많은 가피가 함께 찾아듭니다.

천지팔양신주경 사경 (1책 3번 사경) 112쪽 4,500원
옛부터 건축 · 결혼 · 출산 · 사업 · 죽음 등 평생의 삶 중에서 중요한 때마다 읽고 쓰면 크게 길하고 이롭고 장수하고 복덕을 갖추게 된다고 전해지고 있습니다.

보왕삼매론 사경 (1책으로 27번 사경) 120쪽 4,500원
삶의 문제들을 지혜롭게 해결하는 방법을 제시한 보왕삼매론을 사경하면 생활 속의 걸림돌이 디딤돌로 바뀌고 고난이 사라져 편안하고 행복해집니다.

관세음보살 명호사경 (1책으로 5천4백번 사경) 108쪽 4,500원
지장보살 명호사경 (1책으로 5천번 사경) 108쪽 4,500원
'관세음보살'이나 '지장보살'의 명호를 쓰면서 입으로 외우고 마음에 새기면, 관세음보살님과 지장보살님의 가피를 입어 몸과 마음이 큰 변화를 이루고, 마음속의 원을 능히 성취할 수 있습니다.

한글 큰활자본 기도 독송용 경전 (책 크기 4×6배판)

법화경 / 김현준 역　　4×6배판　(양장본) 1책 520쪽 25,000원 / (무선제본) 전3책 550쪽 22,000원

불교 최고 경전인 법화경을 독송하면 소원성취는 물론 깨달음과 경제적인 풍요까지 안겨줍니다.

법화경을 독송하고 사경하면 부처님과 대우주법계의 한량없는 가피가 저절로 찾아들어 업장소멸은 물론이요 갖가지 소원을 두루 성취할 수 있습니다. 특히 밝은 지혜를 얻고 크게 향상하게 되며 경제적인 풍요와 사업의 번창, 시험의 합격 및 승진이 쉬워지고 가족 모두가 평온하고 복된 삶을 누리며, 병환 · 재난 · 가난 등 현실의 괴로움이 소멸되고 부모 친척 등의 영가가 잘 천도되며 구하는 바가 뜻과 같이 이루어집니다.

지장경 / 김현준 편역　　4×6배판 208쪽 8,000원

지장기도를 하는 분들을 위해 ① 지장경을 처음부터 끝까지 1번 독송 ② '나무지장보살'을 천번염송 ③ 지장보살예찬문을 외우며 158배, ④ '지장보살'천번 염송의 4부로 나누어 특별히 만들었습니다.
지장경 독경 및 지장보살예참과 염불을 할 때, 각 장 앞에 제시된 기도법에 따라 기도를 하게 되면, 지장보살의 가피 속에서 틀림없이 영가천도 · 업장소멸 · 소원성취 · 향상된 삶을 이룩할 수 있게 됩니다.

금강경 / 우룡스님 역　　112쪽 4,500원
책 크기만큼 글씨도 크게 하고 한자 원문도 수록하였으며, 독송에 관한 법문도 첨부하였습니다. 사찰 및 가정에서의 독송용으로 매우 좋습니다.

유마경 / 김현준 역　　296쪽 12,000원
보살의 병은 어디서 오는가? 불도란 어떤 것인가? 깨달음의 세계로 들어가는 불이법문, 참된 불국토를 건설하는 방법 등등 매우 소중한 가르침들을 가득 담고 있으며, 읽다보면 눈이 번쩍 뜨이고 마음이 탁 트입니다.

승만경 / 김현준 편역　　144쪽 6,000원
여인의 성불 수기와 함께 승만부인의 서원, 정법 · 번뇌 · 법신 · 일승 · 사성제 · 자성청정심 · 여래장사상 등을 분명히 밝힌 주옥같은 경전.(한글 한문 대조본)

원각경 / 김현준 편역　　192쪽 8,000원
한국불교 근본 경전 중 하나로, 중생이 부처가 되려면 어떻게 해야하는지를 12보살과의 문답을 통해 설한 경전으로 쉽게 번역 하였습니다. (한글 한문 대조본)

밀린다왕문경 / 김현준 편역 신국판 204쪽 7,000원
그리스 왕인 밀린다와 불교 승려인 나가세나가 인생과 불교에 대해 대론한 것을 정리한 경전으로 신심을 크게 불러일으킵니다.

자비도량참법 / 김현준 역　양장본 528쪽 22,000원
나의 죄업 참회에서 시작하여 부모 친척 등 온 법계 중생의 업장과 무명까지 모두 소멸시켜주며, 자비가 충만하여지고 환희심이 넘쳐나게 됩니다.

아미타경 / 김현준 편역　　92쪽 3,500원
아주 큰 활자 번역본으로, 독경 및 '나무아미타불' 염불 방법을 함께 실었습니다. 사찰에서 대중이 함께 독송할 때 또는 집에서 독송할 때 매우 유용합니다.

무량수경 / 김현준 역　　176쪽 7,000원
아미타불은 어떠한 분이며, 극락에는 어떠한 장엄과 멋과 행복이 갖추어져 있는가? 극락에 왕생하려면 이 현생에서 어떠한 삶을 살아야 하는가를 자상하게 묘사하고 있어, 독송을 하면 신심이 저절로 우러납니다.

약사경 / 김현준 편역　　100쪽 4,000원
아주 큰 활자로 약사경 한글 번역본을 만들었습니다. 약사경 독경 방법 및 약사염불법도 함께 실어 기도에 도움이 되도록 하였습니다.

관음경 / 우룡스님 역　　96쪽 4,000원
커다란 글씨의 관음경 해설과 함께 관음경의 원문과 독송법, 관음 염불 방법 등을 수록하여 관음경의 가르침을 쉽게 이해하도록 하였습니다.

보현행원품 / 김현준 편역　　112쪽 4,500원
보현행원품과 예불대참회문을 함께 실어 독경 후 행원품에 근거한 전통적인 108배를 행할 수 있도록 만들었으며, 대참회의 의미도 상세히 설명하였습니다.

천지팔양신주경 / 김현준 편역　　96쪽 4,000원
옛부터 결혼 · 출산 · 사업 · 죽음 등 평생의 삶 중에서 중요한 때마다 이 경을 독송하면 크게 길하고 이롭고 장수하고 복덕을 갖추게 된다고 전해지고 있습니다.

아름다운 우리말 경전 (책 크기 휴대용 국반판)

· 금강경	명쾌한 금강경 풀이와 함께 금강경의 근본 가르침을 함께 수록한 책	우룡스님 역	100쪽	2,000원
· 아미타경	한글 번역과 함께 독송하는 방법과 아미타불 염불법에 대해 설한 책	김현준 역	100쪽	2,000원
· 약사경	한글 번역과 함께 약사기도법과 약사염불법에 대해 자세히 설한 책	김현준 편역	100쪽	2,000원
· 관음경	관음경의 번역과 함께 관음기도와 관음염불법에 대해 자세히 설한 책	우룡스님 역	100쪽	2,000원
· 지장경	편안하고 쉬운 번역과 함께 지장기도법을 간략히 설한 책	김현준 역	196쪽	3,500원
· 부모은중경	부모님의 은혜를 느끼며 기도를 할 수 있게 엮은 책	김현준 역	100쪽	2,000원
· 보현행원품	보현보살의 십대원을 중심으로 설하여 참된 보살의 길로 이끌어주는 책	김현준 편역	100쪽	2,000원
· 초발심자경문	신심을 굳건히 하고 수행에 대한 마음을 불러일으키게끔 하는 책	일타스님 역	100쪽	2,000원
· 법요집	법회와 수행 시에 필요한 각종 의식문, 좋은 몇 편의 글들을 수록한 책	불교신행연구원 편	100쪽	2,000원

역자 김현준 金鉉埈

동국대학교 대학원에서 불교학을 전공하고, 한국학중앙연구원에서 한국불교를 연구하였으며, 우리문화연구원 원장, 성보문화재연구원 원장을 역임하였다. 현재 불교신행연구원 원장, 월간 「법공양」 발행인 겸 편집인, 효림출판사와 새벽숲출판사의 주필 및 고문으로 활동하고 있다.

저서로는 『미타신앙 · 미타기도법』·『관음신앙 · 관음기도법』·『지장신앙 · 지장기도법』·『참회』·『참회와 사랑의 기도법』·『기도성취 백팔문답』·『광명진언 기도법』·『신묘장구대다라니 기도법』·『참회 · 참회기도법』·『불자의 자녀사랑 기도법』·『화엄경 약찬게 풀이』·『생활 속의 반야심경』·『생활 속의 천수경』·『생활 속의 보왕삼매론』·『사찰, 그 속에 깃든 의미』·『예불문, 그 속에 깃든 의미』·『육바라밀』·『사성제와 팔정도』·『삼법인 · 중도』·『인연법』·『자비실천의 길 사섭법』 등 40여 종과

불자들의 신행을 돕는 사경집 20여 종이 있으며

번역서로는 『아미타경』·『무량수경』·『법화경』·『원각경』·『유마경』·『승만경』·『지장경』·『육조단경』·『약사경』·『보현행원품』·『자비도량참법』·『선가귀감』 등이 있다.

관무량수경

초 판 1쇄 펴낸날 2022년 12월 20일
2쇄 펴낸날 2023년 3월 13일

옮긴이 김현준
펴낸이 김연지
펴낸곳 효림출판사
등록일 1992년 1월 13일 (제 2-1305호)
주 소 서울특별시 서초구 반포대로14길 30, 907호 (서초동, 센츄리I)
전 화 02-582-6612, 587-6612
팩 스 02-586-9078
이메일 hyorim@nate.com

값 5,000원

ISBN 979-11-87508-82-3(03220)

ⓒ 표지그림 : 호국지장사 극락구품도